Biblioteca de Legislación
SERIE MENOR

CIVITAS

CONSTITUCIÓN ESPAÑOLA

Biblioteca de Legislación
SERIE MENOR

CONSTITUCIÓN ESPAÑOLA

CIVITAS

Tercera edición, 2002

CIVITAS
PATROCINA LA REVISIÓN
DEL LÉXICO JURÍDICO DEL
**DICCIONARIO DE LA
REAL ACADEMIA
ESPAÑOLA**

Ignacio Ellacuría, 3. 28017 Madrid (España)
ISBN: 84-470-1757-5
Depósito legal: M. 17.865-2002
Compuesto en Sociedad Anónima de Fotocomposición
Printed in Spain - Impreso en España
por Closas-Orcoyen, S. L. Polígono Igarsa
Paracuellos de Jarama (Madrid)

ÍNDICE

Nota liminar 9
Relación de modificaciones 11

CONSTITUCIÓN ESPAÑOLA DE 1978

Preámbulo 13
Título Preliminar 13
Tít. I. De los derechos y deberes fundamentales 15
Cap. I. De los españoles y los extranjeros 15
Cap. II. Derechos y libertades 16
Sec. 1.ª De los derechos fundamentales y de las libertades públicas 16
Sec. 2.ª De los derechos y deberes de los ciudadanos . 21
Cap. III. De los principios rectores de la política social y económica 23
Cap. IV. De las garantías de las libertades y derechos fundamentales 26
Cap. V. De la suspensión de los derechos y libertades. 27
Tít. II. De la Corona 27
Tít. III. De las Cortes Generales:
Cap. I. De las Cámaras 31
Cap. II. De la elaboración de las leyes 36
Cap. III. De los Tratados Internacionales 39
Tít. IV. Del Gobierno y de la Administración 40
Tít. V. De las relaciones entre el Gobierno y las Cortes Generales 43
Tít. VI. Del poder judicial 45
Tít. VII. Economía y Hacienda 48
Tít. VIII. De la Organización Territorial del Estado:
Cap. I. Principios generales 51
Cap. II. De la Administración Local 51
Cap. III. De las Comunidades Autónomas 52
Tít. IX. Del Tribunal Constitucional 63
Tít. X. De la reforma constitucional 65
Disposiciones adicionales 66
Disposiciones transitorias 67
Disposición derogatoria 69
Disposición final 70

Índice de conceptos 73

ÍNDICE

CONSTITUCIÓN ESPAÑOLA DE 1978

RELACIÓN DE MODIFICACIONES

Reforma del artículo 13, apartado 2, de la Constitución Española, aprobada por las Cortes Generales en Sesiones Plenarias del Congreso de los Diputados, de 22 de julio de 1992, y del Senado, de 30 de julio de 1992, y Sancionada por S.M. el Rey, el 27 de agosto de 1992 (BOE núm. 207, de 28 de agosto)

Nueva redacción:

— Apartado 2 del artículo 13.

BIBLIOTECA DE LEGISLACIÓN

Serie Menor (Cont.)

---

126. Organización y Funcionamiento de la Administración General del Estado (LOFAGE)
127. Actividades Molestas y otras normas medioambientales
129. Ley y Reglamento de las Instituciones de Inversión Colectiva
131. Derechos y garantías de los contribuyentes
132. Tratado de Amsterdam y versiones consolidadas de los Tratados de la Unión Europea y de la Comunidad Europea
133. Régimen del Suelo y Valoraciones (Ley 6/1998, de 13 de abril)
135. Ley reguladora de la Jurisdicción Contencioso-administrativa
136. Ley del Mercado de Valores, reformada por Ley 37/1998, de 16 de noviembre
139. Impuesto sobre la Renta. Leyes y Reglamentos
140. Ley y Reglamento Notariales
142. Ley de Enjuiciamiento Civil. Ley 1/2000, de 7 de enero
144. Tratado de Niza y versiones consolidadas de los Tratados de la Unión Europea y de la Comunidad Europea.
145. Contratación Administrativa (Texto Refundido y Reglamento)

Local y Autonómica

201. Ley del Suelo de Galicia
202. Ordenanza General de Protección del Medio Ambiente del Ayuntamiento de Madrid
203. Normas urbanísticas de la Comunidad de Madrid
204. Código de Familia de Cataluña
205. Derecho Civil Foral del País Vasco (Edición bilingüe)
206. Compilación del Derecho Civil de las Islas Baleares (Edición bilingüe)
207. Derecho Civil de Aragón
208. Derecho Civil Foral de Navarra (Compilación y Ley Foral 6/2000, de 3 de julio)

BIBLIOTECA DE LEGISLACIÓN

Textos Legales Anotados

---

1. Arrendamientos Urbanos, Propiedad Horizontal, Viviendas de Protección Oficial y normas complementarias
2. Arrendamientos Rústicos y legislación agraria básica
4. Legislación sobre Tráfico, Circulación y Seguridad Vial
5. Código Civil
6. Código de Comercio y leyes complementarias
7. Código Penal y legislación complementaria
10. Constitución y Tribunal Constitucional
11. Contratos de las Administraciones Públicas
12. Legislación sobre Enjuiciamiento Civil
13. Enjuiciamiento Criminal
14. Expropiación Forzosa y legislación complementaria
16. Impuesto sobre Actividades Económicas
17. Legislación sobre Extranjeros
19. Legislación de la Justicia Administrativa
20. Legislación de Seguros
21. Legislación Hipotecaria y del Registro Mercantil
24. Legislación Social Básica
25. Legislación estatal del Suelo
26. Leyes Generales del Derecho Financiero y Tributario
27. Legislación de Régimen Local
28. Leyes Políticas del Estado
32. Legislación sobre Registro Civil
37. Legislación Eclesiástica
46. Legislación sobre Aguas
50. Legislación sobre Medio Ambiente
51. Legislación de Caza y Pesca
55. Legislación sobre Cooperativas y Sociedades Laborales

BIBLIOTECA DE LEGISLACIÓN

Serie Menor

---

61. Ley y Reglamento General de Carreteras
65. Ley de Régimen Jurídico de las Administraciones Públicas y del Procedimiento Administrativo Común
67. Función Pública. Normas básicas
71. Costas y Puertos
72. Plan General de Contabilidad
74. Normas Recaudatorias
78. Régimen Penitenciario
79. Patentes y Marcas
82. Ley y Reglamento del Patrimonio del Estado
85. Ley General Presupuestaria. Texto Refundido
89. Patrimonio Histórico Español
90. Estatuto de los Trabajadores. Texto Refundido
91. Constitución Española
94. Comunidad de Vecinos y Arrendamientos Urbanos
98. Propiedad Intelectual
99. Poder Judicial y Ministerio Fiscal
101. Abogados, Procuradores y funcionarios de la Administración de Justicia
102. Texto Refundido de la Ley General de la Seguridad Social
103. Normas básicas sobre Publicidad
105. Sociedades Mercantiles
106. Justicia Militar
107. Procedimiento Laboral. Texto Refundido
110. Impuesto sobre el Valor Añadido
111. Ley General Tributaria y procedimientos tributarios
113. Tribunal del Jurado (Ley Orgánica 5/1995)
116. Lei de Dereito Civil de Galicia (Edición bilingüe)
117. Régimen Electoral
119. Reglamento de Procedimiento en las Reclamaciones Económico-administrativas
120. Comercio Minorista y Protección del Consumidor
121. Normas sobre los menores
124. Hipotecas Especiales (Mobiliaria y Naval)
125. Prevención de Riesgos Laborales

mente en la convicción de que la igualdad de los españoles y su plena libertad (que es tanto como decir su dignidad personal) eran el punto de partida necesario para la reorganización de nuestra vida política y la reforma de nuestro Derecho. Es esta convicción el núcleo del famoso «consenso» que hizo posible la Constitución de 1978, que es por ello la más sólidamente construida de todas nuestras Constituciones, la que se asienta sobre bases más firmes.

No es éste, sin embargo, con no ser pequeño, su único mérito. Nuestra actual Constitución es también, pese a sus defectos técnicos, el mayor esfuerzo que en nuestra historia contemporánea se ha llevado a cabo para adecuar la forma del Estado a la compleja estructura de nuestra sociedad, haciendo compatible la unidad de la Nación española con la pluralidad de nacionalidades existentes en su seno y, ya en el plano del Derecho Comparado, uno de los textos que más garantías ofrece al ciudadano frente a los eventuales excesos de los gobernantes de turno. Aunque éstos procedan de la elección popular, son necesarias, en efecto, tales garantías, pues, para decirlo con palabras del Preámbulo de nuestra Constitución de 1869, «es preciso que el individuo tenga garantizados sus propios derechos por algo que no dependa de la voluntad movible y tornadiza de las Asambleas políticas, por algo más alto y más imparcial que el criterio de partido, por algo que no subordine jamás lo que hay de esencial y permanente en el hombre y la sociedad a las conveniencias del momento». Para conseguir estos fines, pensaban nuestros abuelos que bastaba con que «la seguridad, la propiedad, la libertad, queden bajo el amparo inviolable de los Tribunales de Justicia». Es este propósito entre otros, el que nuestra actual Constitución ha intentado llevar a buen término sometiendo a todos los poderes, incluso el legislativo, al control de los Tribunales.

Madrid, julio de 1986.

FRANCISCO RUBIO LLORENTE
Catedrático de Derecho Político

NOTA LIMINAR

Aquella ordenada división de la Historia Universal en Edades (Antigua, Media, Moderna o Contemporánea) que se enseñaba (y no sé si se sigue enseñando) en los libros escolares de mi infancia, me pareció siempre obra de algún espíritu melancólico que para determinar los hechos que marcan el tránsito de una a otra Edad recurrió siempre a la catástrofe del orden viejo y nunca al acto fundacional del nuevo orden. No quiero aventurar ahora cuáles son los hechos que, con una visión de la Historia menos presa de la nostalgia, podrían sustituir como hitos a la desaparición del Imperio Romano o a la caída de Constantinopla en poder de los turcos; para el tránsito de la Edad Moderna a la Contemporánea, el hecho fundacional que debería sustituir como símbolo al puramente destructor es, sin duda, el de la promulgación de las primeras Constituciones, la norteamericana y la francesa.

La Constitución, en abstracto, es, en efecto, el resultado del nuevo espíritu, la plasmación jurídica de un modo nuevo de concebir las relaciones entre los hombres como seres esencialmente libres e iguales. Por eso la lucha por la Constitución aparece en aquellos momentos germinales tan cargada de emoción y el término «Constitucional» basta para definir políticamente a un hombre. Dar un viva a la Constitución podía significar la muerte y en ese riesgo está como se sabe, el origen de nuestro coloquial «viva la Pepa», pues «la Pepa» original era el nombre en clave de la primera Constitución Española, la de Cádiz, promulgada el 19 de marzo, día de San José.

Con el correr de los tiempos aquel significado originario de la Constitución se ha perdido en gran medida, en parte como consecuencia de la habitualidad, en parte también porque, como en general sucede con los términos políticamente prestigiosos, el de Constitución se ha utilizado para designar formas de organización del poder que poco o nada tienen que ver con el espíritu que inspiró las primeras.

No es éste el caso, natural y afortunadamente, de nuestra actual Constitución, cuyos autores, fueran cuales fueren las diferencias políticas que los separaban, coincidían plena-

CONSTITUCIÓN ESPAÑOLA DE 27 DE DICIEMBRE DE 1978

(BOE núm. 311, de 29 de diciembre de 1978)

PREÁMBULO

La Nación española, deseando establecer la justicia, la libertad y la seguridad y promover el bien de cuantos la integran, en uso de su soberanía, proclama su voluntad de:

Garantizar la convivencia democrática dentro de la Constitución y de las leyes conforme a un orden económico y social justo.

Consolidar un Estado de Derecho que asegure el imperio de la ley como expresión de la voluntad popular.

Proteger a todos los españoles y pueblos de España en el ejercicio de los derechos humanos, sus culturas y tradiciones, lenguas e instituciones.

Promover el progreso de la cultura y de la economía para asegurar a todos una digna calidad de vida.

Establecer una sociedad democrática avanzada; y

Colaborar en el fortalecimiento de unas relaciones pacíficas y de eficaz cooperación entre todos los pueblos de la Tierra.

En consecuencia, las Cortes aprueban y el pueblo español ratifica la siguiente.

CONSTITUCIÓN

TÍTULO PRELIMINAR

1. 1. España se constituye en un Estado social y democrático de Derecho, que propugna como valores superiores de su ordenamiento jurídico la libertad, la justicia, la igualdad y el pluralismo político.

2. La soberanía nacional reside en el pueblo español, del que emanan los poderes del Estado.

3. La forma política del Estado español es la Monarquía parlamentaria.

2. La Constitución se fundamenta en la indisoluble unidad de la Nación española, patria común e indivisible de todos los españoles, y reconoce y garantiza el derecho a la autonomía de las nacionalidades y regiones que la integran y la solidaridad entre todas ellas.

3. 1. El castellano es la lengua española oficial del Estado. Todos los españoles tienen el deber de conocerla y el derecho a usarla.

2. Las demás lenguas españolas serán también oficiales en las respectivas Comunidades Autónomas de acuerdo con sus Estatutos.

3. La riqueza de las distintas modalidades lingüísticas de España es un patrimonio cultural que será objeto de especial respeto y protección.

4. 1. La bandera de España está formada por tres franjas horizontales, roja, amarilla y roja, siendo la amarilla de doble anchura que cada una de las rojas.

2. Los Estatutos podrán reconocer banderas y enseñas propias de las Comunidades Autónomas. Estas se utilizarán junto a la bandera de España en sus edificios públicos y en sus actos oficiales.

5. La capital del Estado es la villa de Madrid.

6. Los partidos políticos expresan el pluralismo político, concurren a la formación y manifestación de la voluntad popular y son instrumento fundamental para la participación política. Su creación y el ejercicio de su actividad son libres dentro del respeto a la Constitución y a la Ley. Su estructura interna y funcionamiento deberán ser democráticos.

7. Los sindicatos de trabajadores y las asociaciones empresariales contribuyen a la defensa y promoción de los intereses económicos y sociales que les son propios. Su creación y el ejercicio de su actividad son libres dentro del respeto a la Constitución y a la ley. Su estructura interna y funcionamiento deberán ser democráticos.

8. 1. Las Fuerzas Armadas, constituidas por el Ejército de Tierra, la Armada y el Ejército del Aire, tienen como misión

garantizar la soberanía e independencia de España, defender su integridad territorial y el ordenamiento constitucional.

2. Una ley orgánica regulará las bases de la organización militar conforme a los principios de la presente Constitución.

9. 1. Los ciudadanos y los poderes públicos están sujetos a la Constitución y al resto del ordenamiento jurídico.

2. Corresponde a los poderes públicos promover las condiciones para que la libertad y la igualdad del individuo y de los grupos en que se integra sean reales y efectivas; remover los obstáculos que impidan o dificulten su plenitud y facilitar la participación de todos los ciudadanos en la vida política, económica, cultural y social.

3. La Constitución garantiza el principio de legalidad, la jerarquía normativa, la publicidad de las normas, la irretroactividad de las disposiciones sancionadoras no favorables o restrictivas de derechos individuales, la seguridad jurídica, la responsabilidad y la interdicción de la arbitrariedad de los poderes públicos.

TÍTULO PRIMERO
De los derechos y deberes fundamentales

10. 1. La dignidad de la persona, los derechos inviolables que le son inherentes, el libre desarrollo de la personalidad, el respeto a la ley y a los derechos de los demás son fundamento del orden político y de la paz social.

2. Las normas relativas a los derechos fundamentales y a las libertades que la Constitución reconoce se interpretarán de conformidad con la Declaración Universal de Derechos Humanos y los tratados y acuerdos internacionales sobre las mismas materias ratificados por España.

CAPÍTULO PRIMERO
De los españoles y los extranjeros

11. 1. La nacionalidad española se adquiere, se conserva y se pierde de acuerdo con lo establecido por la ley.

2. Ningún español de origen podrá ser privado de su nacionalidad.

3. El Estado podrá concertar tratados de doble nacionalidad con los países iberoamericanos o con aquellos que hayan tenido o tengan una particular vinculación con España. En estos mismos países, aun cuando no reconozcan a sus ciudadanos un derecho recíproco, podrán naturalizarse los españoles sin perder su nacionalidad de origen.

12. Los españoles son mayores de edad a los dieciocho años.

13. 1. Los extranjeros gozarán en España de las libertades públicas que garantiza el presente Título en los términos que establezcan los tratados y la ley.

2. Solamente los españoles serán titulares de los derechos reconocidos en el artículo 23, salvo lo que, atendiendo a criterios de reciprocidad, pueda establecerse por tratado o ley para el derecho de sufragio activo y pasivo en las elecciones municipales.

3. La extradición sólo se concederá en cumplimiento de un tratado o de la ley, atendiendo al principio de reciprocidad. Quedan excluidos de la extradición los delitos políticos, no considerándose como tales los actos de terrorismo.

4. La ley establecerá los términos en que los ciudadanos de otros países y los apátridas podrán gozar del derecho de asilo en España.

CAPÍTULO II
Derechos y libertades

14. Los españoles son iguales ante la ley, sin que pueda prevalecer discriminación alguna por razón de nacimiento, raza, sexo, religión, opinión o cualquier otra condición o circunstancia personal o social.

SECCIÓN PRIMERA
De los derechos fundamentales y de las libertades públicas

15. Todos tienen derecho a la vida y a la integridad física y moral, sin que, en ningún caso, puedan ser sometidos a tortura ni a penas o tratos inhumanos o degradantes. Queda abolida la pena de muerte, salvo lo que puedan disponer las leyes penales militares para tiempos de guerra.

16. 1. Se garantiza la libertad ideológica, religiosa y de culto de los individuos y las comunidades sin más limitación, en sus manifestaciones, que la necesaria para el mantenimiento del orden público protegido por la ley.

2. Nadie podrá ser obligado a declarar sobre su ideología, religión o creencias.

3. Ninguna confesión tendrá carácter estatal. Los poderes públicos tendrán en cuenta las creencias religiosas de la sociedad española y mantendrán las consiguientes relaciones de cooperación con la Iglesia Católica y las demás confesiones.

17. 1. Toda persona tiene derecho a la libertad y a la seguridad. Nadie puede ser privado de su libertad, sino con la observancia de lo establecido en este artículo y en los casos y en la forma previstos en la ley.

2. La detención preventiva no podrá durar más del tiempo estrictamente necesario para la realización de las averiguaciones tendentes al esclarecimiento de los hechos, y, en todo caso, en el plazo máximo de setenta y dos horas, el detenido deberá ser puesto en libertad o a disposición de la autoridad judicial.

3. Toda persona detenida debe ser informada de forma inmediata, y de modo que le sea comprensible, de sus derechos y de las razones de su detención, no pudiendo ser obligada a declarar. Se garantiza la asistencia de abogado al detenido en las diligencias policiales y judiciales en los términos que la ley establezca.

4. La ley regulará un procedimiento de «habeas corpus» para producir la inmediata puesta a disposición judicial de toda persona detenida ilegalmente. Asimismo, por la ley se determinará el plazo máximo de duración de la prisión provisional.

18. 1. Se garantiza el derecho al honor, a la intimidad personal y familiar y a la propia imagen.

2. El domicilio es inviolable. Ninguna entrada o registro podrá hacerse en él sin consentimiento del titular o resolución judicial, salvo en caso de flagrante delito.

3. Se garantiza el secreto de las comunicaciones y, en especial, de las postales, telegráficas y telefónicas, salvo resolución judicial.

4. La ley limitará el uso de la informática para garantizar el honor y la intimidad personal y familiar de los ciudadanos y el pleno ejercicio de sus derechos.

19. Los españoles tienen derecho a elegir libremente su residencia y a circular por el territorio nacional.

Asimismo, tienen derecho a entrar y salir libremente de España en los términos que la ley establezca. Este derecho no podrá ser limitado por motivos políticos o ideológicos.

20. 1. Se reconocen y protegen los derechos:

a) A expresar y difundir libremente los pensamientos, ideas y opiniones mediante la palabra, el escrito o cualquier otro medio de reproducción.

b) A la producción y creación literaria, artística, científica y técnica.

c) A la libertad de cátedra.

d) A comunicar o recibir libremente información veraz por cualquier medio de difusión. La ley regulará el derecho a la cláusula de conciencia y al secreto profesional en el ejercicio de estas libertades.

2. El ejercicio de estos derechos no puede restringirse mediante ningún tipo de censura previa.

3. La ley regulará la organización y el control parlamentario de los medios de comunicación social dependientes del Estado o de cualquier ente público y garantizará el acceso a dichos medios de los grupos sociales y políticos significativos, respetando el pluralismo de la sociedad y de las diversas lenguas de España.

4. Estas libertades tienen su límite en el respeto a los derechos reconocidos en este Título, en los preceptos de las leyes que lo desarrollen y, especialmente, en el derecho al honor, a la intimidad, a la propia imagen y a la protección de la juventud y de la infancia.

5. Sólo podrá acordarse el secuestro de publicaciones, grabaciones y otros medios de información en virtud de resolución judicial.

21. 1. Se reconoce el derecho de reunión pacífica y sin armas. El ejercicio de este derecho no necesitará autorización previa.

2. En los casos de reuniones en lugares de tránsito público y manifestaciones se dará comunicación previa a la autoridad, que sólo podrá prohibirlas cuando existan razones fundadas de alteración del orden público, con peligro para personas o bienes.

22. 1. Se reconoce el derecho de asociación.

2. Las asociaciones que persigan fines o utilicen medios tipificados como delito son ilegales.

3. Las asociaciones constituidas al amparo de este artículo deberán inscribirse en un registro a los solos efectos de publicidad.

4. Las asociaciones sólo podrán ser disueltas o suspendidas en sus actividades en virtud de resolución judicial motivada.

5. Se prohíben las asociaciones secretas y las de carácter paramilitar.

23. 1. Los ciudadanos tienen el derecho a participar en los asuntos públicos, directamente o por medio de representantes, libremente elegidos en elecciones periódicas por sufragio universal.

2. Asimismo tienen derecho a acceder en condiciones de igualdad a las funciones y cargos públicos, con los requisitos que señalen las leyes.

24. 1. Todas las personas tienen derecho a obtener la tutela efectiva de los jueces y tribunales en el ejercicio de sus derechos e intereses legítimos, sin que, en ningún caso, pueda producirse indefensión.

2. Asimismo, todos tienen derecho al Juez ordinario predeterminado por la ley, a la defensa y a la asistencia de letrado, a ser informados de la acusación formulada contra ellos, a un proceso público sin dilaciones indebidas y con todas las garantías, a utilizar los medios de prueba pertinentes para su defensa, a no declarar contra sí mismos, a no confesarse culpables y a la presunción de inocencia.

La ley regulará los casos en que, por razón de parentesco o de secreto profesional, no se estará obligado a declarar sobre hechos presuntamente delictivos.

25. 1. Nadie puede ser condenado o sancionado por acciones u omisiones que en el momento de producirse no constituyan delito, falta o infracción administrativa, según la legislación vigente en aquel momento.

2. Las penas privativas de libertad y las medidas de seguridad estarán orientadas hacia la reeducación y reinserción social y no podrán consistir en trabajos forzados. El condenado a pena de prisión que estuviere cumpliendo la misma gozará de los derechos fundamentales de este Capítulo, a excepción de los que se vean expresamente limitados por el contenido del fallo condenatorio, el sentido de la pena y la ley penitenciaria. En todo caso, tendrá derecho a un trabajo remunerado y a los beneficios correspondientes de la Seguridad Social, así como al acceso a la cultura y al desarrollo integral de su personalidad.

3. La Administración civil no podrá imponer sanciones que, directa o subsidiariamente, impliquen privación de libertad.

26. Se prohíben los Tribunales de Honor en el ámbito de la Administración civil y de las organizaciones profesionales.

27. 1. Todos tienen el derecho a la educación. Se reconoce la libertad de enseñanza.

2. La educación tendrá por objeto el pleno desarrollo de la personalidad humana en el respeto a los principios democráticos de convivencia y a los derechos y libertades fundamentales.

3. Los poderes públicos garantizan el derecho que asiste a los padres para que sus hijos reciban la formación religiosa y moral que esté de acuerdo con sus propias convicciones.

4. La enseñanza básica es obligatoria y gratuita.

5. Los poderes públicos garantizan el derecho de todos a la educación, mediante una programación general de la enseñanza, con participación efectiva de todos los sectores afectados y la creación de centros docentes.

6. Se reconoce a las personas físicas y jurídicas la libertad de creación de centros docentes, dentro del respeto a los principios constitucionales.

7. Los profesores, los padres y, en su caso, los alumnos intervendrán en el control y gestión de todos los centros sostenidos por la Administración con fondos públicos, en los términos que la ley establezca.

8. Los poderes públicos inspeccionarán y homologarán el sistema educativo para garantizar el cumplimiento de las leyes.

9. Los poderes públicos ayudarán a los centros docentes que reúnan los requisitos que la ley establezca.

10. Se reconoce la autonomía de las Universidades, en los términos que la ley establezca.

28. 1. Todos tienen derecho a sindicarse libremente. La ley podrá limitar o exceptuar el ejercicio de este derecho a las Fuerzas o Institutos armados o a los demás Cuerpos sometidos a disciplina militar y regulará las peculiaridades de su ejercicio para los funcionarios públicos. La libertad sindical comprende el derecho a fundar sindicatos y a afiliarse al de su elección, así como el derecho de los sindicatos a formar confederaciones y a fundar organizaciones sindicales internacionales o afiliarse a las mismas. Nadie podrá ser obligado a afiliarse a un sindicato.

2. Se reconoce el derecho a la huelga de los trabajadores para la defensa de sus intereses. La ley que regule el ejercicio de este derecho establecerá las garantías precisas para asegurar el mantenimiento de los servicios esenciales de la comunidad.

29. 1. Todos los españoles tendrán el derecho de petición individual y colectiva, por escrito, en la forma y con los efectos que determine la ley.

2. Los miembros de las Fuerzas o Institutos armados o de los Cuerpos sometidos a disciplina militar podrán ejercer este derecho sólo individualmente y con arreglo a lo dispuesto en su legislación específica.

SECCIÓN SEGUNDA

De los derechos y deberes de los ciudadanos

30. 1. Los españoles tienen el derecho y el deber de defender a España.

2. La ley fijará las obligaciones militares de los españoles y regulará, con las debidas garantías, la objeción de con-

ciencia, así como las demás causas de exención del servicio militar obligatorio, pudiendo imponer, en su caso, una prestación social sustitutoria.

3. Podrá establecerse un servicio civil para el cumplimiento de fines de interés general.

4. Mediante ley podrán regularse los deberes de los ciudadanos en los casos de grave riesgo, catástrofe o calamidad pública.

31. 1. Todos contribuirán al sostenimiento de los gastos públicos de acuerdo con su capacidad económica mediante un sistema tributario justo inspirado en los principios de igualdad y progresividad que, en ningún caso, tendrá alcance confiscatorio.

2. El gasto público realizará una asignación equitativa de los recursos públicos, y su programación y ejecución responderán a los criterios de eficiencia y economía.

3. Sólo podrán establecerse prestaciones personales o patrimoniales de carácter público con arreglo a la ley.

32. 1. El hombre y la mujer tienen derecho a contraer matrimonio con plena igualdad jurídica.

2. La ley regulará las formas de matrimonio, la edad y capacidad para contraerlo, los derechos y deberes de los cónyuges, las causas de separación y disolución y sus efectos.

33. 1. Se reconoce el derecho a la propiedad privada y a la herencia.

2. La función social de estos derechos delimitará su contenido, de acuerdo con las leyes.

3. Nadie podrá ser privado de sus bienes y derechos sino por causa justificada de utilidad pública o interés social, mediante la correspondiente indemnización y de conformidad con lo dispuesto por las leyes.

34. 1. Se reconoce el derecho de fundación para fines de interés general, con arreglo a la ley.

2. Regirá también para las fundaciones lo dispuesto en los apartados 2 y 4 del artículo 22.

35. 1. Todos los españoles tienen el deber de trabajar y el derecho al trabajo, a la libre elección de profesión u oficio, a la promoción a través del trabajo y a una remuneración sufi-

ciente para satisfacer sus necesidades y las de su familia, sin que en ningún caso pueda hacerse discriminación por razón de sexo.

2. La ley regulará un estatuto de los trabajadores.

36. La ley regulará las peculiaridades propias del régimen jurídico de los Colegios Profesionales y el ejercicio de las profesiones tituladas. La estructura interna y el funcionamiento de los Colegios deberán ser democráticos.

37. 1. La ley garantizará el derecho a la negociación colectiva laboral entre los representantes de los trabajadores y empresarios, así como la fuerza vinculante de los convenios.

2. Se reconoce el derecho de los trabajadores y empresarios a adoptar medidas de conflicto colectivo. La ley que regule el ejercicio de este derecho, sin perjuicio de las limitaciones que pueda establecer, incluirá las garantías precisas para asegurar el funcionamiento de los servicios esenciales de la comunidad.

38. Se reconoce la libertad de empresa en el marco de la economía de mercado. Los poderes públicos garantizan y protegen su ejercicio y la defensa de la productividad, de acuerdo con las exigencias de la economía general y, en su caso, de la planificación.

CAPÍTULO III

De los principios rectores de la política social y económica

39. 1. Los poderes públicos aseguran la protección social, económica y jurídica de la familia.

2. Los poderes públicos aseguran, asimismo, la protección integral de los hijos, iguales éstos ante la ley con independencia de su filiación, y de las madres, cualquiera que sea su estado civil. La ley posibilitará la investigación de la paternidad.

3. Los padres deben prestar asistencia de todo orden a los hijos habidos dentro o fuera del matrimonio, durante su minoría de edad y en los demás casos en que legalmente proceda.

4. Los niños gozarán de la protección prevista en los acuerdos internacionales que velan por sus derechos.

40. 1. Los poderes públicos promoverán las condiciones favorables para el progreso social y económico y para una distribución de la renta regional y personal más equitativa, en el marco de una política de estabilidad económica. De manera especial realizarán una política orientada al pleno empleo.

2. Asimismo, los poderes públicos fomentarán una política que garantice la formación y readaptación profesionales; velarán por la seguridad e higiene en el trabajo y garantizarán el descanso necesario, mediante la limitación de la jornada laboral, las vacaciones periódicas retribuidas y la promoción de centros adecuados.

41. Los poderes públicos mantendrán un régimen público de Seguridad Social para todos los ciudadanos, que garantice la asistencia y prestaciones sociales suficientes ante situaciones de necesidad, especialmente en caso de desempleo. La asistencia y prestaciones complementarias serán libres.

42. El Estado velará especialmente por la salvaguardia de los derechos económicos y sociales de los trabajadores españoles en el extranjero y orientará su política hacia su retorno.

43. 1. Se reconoce el derecho a la protección de la salud.

2. Compete a los poderes públicos organizar y tutelar la salud pública a través de medidas preventivas y de las prestaciones y servicios necesarios. La ley establecerá los derechos y deberes de todos al respecto.

3. Los poderes públicos fomentarán la educación sanitaria, la educación física y el deporte. Asimismo facilitarán la adecuada utilización del ocio.

44. 1. Los poderes públicos promoverán y tutelarán el acceso a la cultura, a la que todos tienen derecho.

2. Los poderes públicos promoverán la ciencia y la investigación científica y técnica en beneficio del interés general.

45. 1. Todos tienen el derecho a disfrutar de un medio ambiente adecuado para el desarrollo de la persona, así como el deber de conservarlo.

2. Los poderes públicos velarán por la utilización racional de todos los recursos naturales, con el fin de proteger y mejorar la calidad de la vida y defender y restaurar el medio ambiente, apoyándose en la indispensable solidaridad colectiva.

3. Para quienes violen lo dispuesto en el apartado anterior, en los términos que la ley fije, se establecerán sanciones penales o, en su caso, administrativas, así como la obligación de reparar el daño causado.

46. Los poderes públicos garantizarán la conservación y promoverán el enriquecimiento del patrimonio histórico, cultural y artístico de los pueblos de España y de los bienes que lo integran, cualquiera que sea su régimen jurídico y su titularidad. La ley penal sancionará los atentados contra este patrimonio.

47. Todos los españoles tienen derecho a disfrutar de una vivienda digna y adecuada. Los poderes públicos promoverán las condiciones necesarias y establecerán las normas pertinentes para hacer efectivo este derecho, regulando la utilización del suelo de acuerdo con el interés general para impedir la especulación.

La comunidad participará en las plusvalías que genere la acción urbanística de los entes públicos.

48. Los poderes públicos promoverán las condiciones para la participación libre y eficaz de la juventud en el desarrollo político, social, económico y cultural.

49. Los poderes públicos realizarán una política de previsión, tratamiento, rehabilitación e integración de los disminuidos físicos, sensoriales y psíquicos, a los que prestarán la atención especializada que requieran y los ampararán especialmente para el disfrute de los derechos que este Título otorga a todos los ciudadanos.

50. Los poderes públicos garantizarán, mediante pensiones adecuadas y periódicamente actualizadas, la suficiencia económica a los ciudadanos durante la tercera edad. Asimis-

mo, y con independencia de las obligaciones familiares, promoverán su bienestar mediante un sistema de servicios sociales que atenderán sus problemas específicos de salud, vivienda, cultura y ocio.

51. 1. Los poderes públicos garantizarán la defensa de los consumidores y usuarios, protegiendo, mediante procedimientos eficaces, la seguridad, la salud y los legítimos intereses económicos de los mismos.

2. Los poderes públicos promoverán la información y la educación de los consumidores y usuarios, fomentarán sus organizaciones y oirán a éstas en las cuestiones que puedan afectar a aquéllos, en los términos que la ley establezca.

3. En el marco de lo dispuesto por los apartados anteriores, la ley regulará el comercio interior y el régimen de autorización de productos comerciales.

52. La ley regulará las organizaciones profesionales que contribuyan a la defensa de los intereses económicos que les sean propios. Su estructura interna y funcionamiento deberán ser democráticos.

CAPÍTULO IV

De las garantías de las libertades y derechos fundamentales

53. 1. Los derechos y libertades reconocidos en el Capítulo segundo del presente Título vinculan a todos los poderes públicos. Sólo por ley, que en todo caso deberá respetar su contenido esencial, podrá regularse el ejercicio de tales derechos y libertades, que se tutelarán de acuerdo con lo previsto en el artículo 161, 1, *a)*.

2. Cualquier ciudadano podrá recabar la tutela de las libertades y derechos reconocidos en el artículo 14 y la Sección primera del Capítulo segundo ante los Tribunales ordinarios por un procedimiento basado en los principios de preferencia y sumariedad y, en su caso, a través del recurso de amparo ante el Tribunal Constitucional. Este último recurso será aplicable a la objeción de conciencia reconocida en el artículo 30.

3. El reconocimiento, el respeto y la protección de los principios reconocidos en el Capítulo tercero informarán la

legislación positiva, la práctica judicial y la actuación de los poderes públicos. Sólo podrán ser alegados ante la Jurisdicción ordinaria de acuerdo con lo que dispongan las leyes que los desarrollen.

54. Una ley orgánica regulará la institución del Defensor del Pueblo, como alto comisionado de las Cortes Generales, designado por éstas para la defensa de los derechos comprendidos en este Título, a cuyo efecto podrá supervisar la actividad de la Administración, dando cuenta a las Cortes Generales.

CAPÍTULO V
De la suspensión de los derechos y libertades

55. 1. Los derechos reconocidos en los artículos 17, 18, apartados 2 y 3, artículos 19, 20, apartados 1, *a)* y *d),* y 5, artículos 21, 28, apartado 2, y artículo 37, apartado 2, podrán ser suspendidos cuando se acuerde la declaración del estado de excepción o de sitio en los términos previstos en la Constitución. Se exceptúa de lo establecido anteriormente el apartado 3 del artículo 17 para el supuesto de declaración de estado de excepción.

2. Una ley orgánica podrá determinar la forma y los casos en los que, de forma individual y con la necesaria intervención judicial y el adecuado control parlamentario, los derechos reconocidos en los artículos 17, apartado 2, y 18, apartados 2 y 3, pueden ser suspendidos para personas determinadas, en relación con las investigaciones correspondientes a la actuación de bandas armadas o elementos terroristas.

La utilización injustificada o abusiva de las facultades reconocidas en dicha ley orgánica producirá responsabilidad penal, como violación de los derechos y libertades reconocidos por las leyes.

TÍTULO II
De la Corona

56. 1. El Rey es el Jefe del Estado, símbolo de su unidad y permanencia, arbitra y modera el funcionamiento regular de las instituciones, asume la más alta representación del Estado español en las relaciones internacionales, especial-

mente con las naciones de su comunidad histórica, y ejerce las funciones que le atribuyen expresamente la Constitución y las leyes.

2. Su título es el de Rey de España y podrá utilizar los demás que correspondan a la Corona.

3. La persona del Rey es inviolable y no está sujeta a responsabilidad. Sus actos estarán siempre refrendados en la forma establecida en el artículo 64, careciendo de validez sin dicho refrendo, salvo lo dispuesto en el artículo 65.2.

57. 1. La Corona de España es hereditaria en los sucesores de S. M. Don Juan Carlos I de Borbón, legítimo heredero de la dinastía histórica. La sucesión en el trono seguirá el orden regular de primogenitura y representación, siendo preferida siempre la línea anterior a las posteriores; en la misma línea, el grado más próximo al más remoto; en el mismo grado, el varón a la mujer, y en el mismo sexo, la persona de más edad a la de menos.

2. El Príncipe heredero, desde su nacimiento o desde que se produzca el hecho que origine el llamamiento, tendrá la dignidad de Príncipe de Asturias y los demás títulos vinculados tradicionalmente al sucesor de la Corona de España.

3. Extinguidas todas las líneas llamadas en Derecho, las Cortes Generales proveerán a la sucesión en la Corona en la forma que más convenga a los intereses de España.

4. Aquellas personas que teniendo derecho a la sucesión en el trono contrajeren matrimonio contra la expresa prohibición del Rey y de las Cortes Generales, quedarán excluidas en la sucesión a la Corona por sí y sus descendientes.

5. Las abdicaciones y renuncias y cualquier duda de hecho o de derecho que ocurra en el orden de sucesión a la Corona se resolverán por una ley orgánica.

58. La Reina consorte o el consorte de la Reina no podrán asumir funciones constitucionales, salvo lo dispuesto para la Regencia.

59. 1. Cuando el Rey fuere menor de edad, el padre o la madre del Rey y, en su defecto, el pariente mayor de edad más próximo a suceder en la Corona, según el orden establecido en la Constitución, entrará a ejercer inmediatamente la

Regencia y la ejercerá durante el tiempo de la minoría de edad del Rey.

2. Si el Rey se inhabilitare para el ejercicio de su autoridad y la imposibilidad fuere reconocida por las Cortes Generales, entrará a ejercer inmediatamente la Regencia el Príncipe heredero de la Corona, si fuere mayor de edad. Si no lo fuere, se procederá de la manera prevista en el apartado anterior, hasta que el Príncipe heredero alcance la mayoría de edad.

3. Si no hubiere ninguna persona a quien corresponda la Regencia, ésta será nombrada por las Cortes Generales, y se compondrá de una, tres o cinco personas.

4. Para ejercer la Regencia es preciso ser español y mayor de edad.

5. La Regencia se ejercerá por mandato constitucional y siempre en nombre del Rey.

60. 1. Será tutor del Rey menor la persona que en su testamento hubiese nombrado el Rey difunto, siempre que sea mayor de edad y español de nacimiento; si no lo hubiese nombrado, será tutor el padre o la madre, mientras permanezcan viudos. En su defecto, lo nombrarán las Cortes Generales, pero no podrán acumularse los cargos de Regente y de tutor sino en el padre, madre o ascendientes directos del Rey.

2. El ejercicio de la tutela es también incompatible con el de todo cargo o representación política.

61. 1. El Rey, al ser proclamado ante las Cortes Generales, prestará juramento de desempeñar fielmente sus funciones, guardar y hacer guardar la Constitución y las leyes y respetar los derechos de los ciudadanos y de las Comunidades Autónomas.

2. El Príncipe heredero, al alcanzar la mayoría de edad, y el Regente o Regentes al hacerse cargo de sus funciones, prestarán el mismo juramento, así como el de fidelidad al Rey.

62. Corresponde al Rey:

a) Sancionar y promulgar las leyes.

b) Convocar y disolver las Cortes Generales y convocar elecciones en los términos previstos en la Constitución.

c) Convocar a referéndum en los casos previstos en la Constitución.

d) Proponer el candidato a Presidente del Gobierno y, en su caso, nombrarlo, así como poner fin a sus funciones en los términos previstos en la Constitución.

e) Nombrar y separar a los miembros del Gobierno, a propuesta de su Presidente.

f) Expedir los decretos acordados en el Consejo de Ministros, conferir los empleos civiles y militares y conceder honores y distinciones con arreglo a las leyes.

g) Ser informado de los asuntos de Estado y presidir, a estos efectos, las sesiones del Consejo de Ministros, cuando lo estime oportuno, a petición del Presidente del Gobierno.

h) El mando supremo de las Fuerzas Armadas.

i) Ejercer el derecho de gracia con arreglo a la ley, que no podrá autorizar indultos generales.

j) El Alto Patronazgo de las Reales Academias.

63. 1. El Rey acredita a los embajadores y otros representantes diplomáticos. Los representantes extranjeros en España están acreditados ante él.

2. Al Rey corresponde manifestar el consentimiento del Estado para obligarse internacionalmente por medio de tratados, de conformidad con la Constitución y las leyes.

3. Al Rey corresponde, previa autorización de las Cortes Generales, declarar la guerra y hacer la paz.

64. 1. Los actos del Rey serán refrendados por el Presidente del Gobierno y, en su caso, por los Ministros competentes. La propuesta y el nombramiento del Presidente del Gobierno, y la disolución prevista en el artículo 99, serán refrendados por el Presidente del Congreso.

2. De los actos del Rey serán responsables las personas que los refrenden.

65. 1. El Rey recibe de los Presupuestos del Estado una cantidad global para el sostenimiento de su Familia y Casa, y distribuye libremente la misma.

2. El Rey nombra y releva libremente a los miembros civiles y militares de su Casa.

TÍTULO III
De las Cortes Generales

CAPÍTULO PRIMERO
De las Cámaras

66. 1. Las Cortes Generales representan al pueblo español y están formadas por el Congreso de los Diputados y el Senado.

2. Las Cortes Generales ejercen la potestad legislativa del Estado, aprueban sus Presupuestos, controlan la acción del Gobierno y tienen las demás competencias que les atribuya la Constitución.

3. Las Cortes Generales son inviolables.

67. 1. Nadie podrá ser miembro de las dos Cámaras simultáneamente, ni acumular el acta de una Asamblea de Comunidad Autónoma con la de Diputado al Congreso.

2. Los miembros de las Cortes Generales no estarán ligados por mandato imperativo.

3. Las reuniones de Parlamentarios que se celebren sin convocatoria reglamentaria no vincularán a las Cámaras, y no podrán ejercer sus funciones ni ostentar sus privilegios.

68. 1. El Congreso se compone de un mínimo de 300 y un máximo de 400 Diputados, elegidos por sufragio universal, libre, igual, directo y secreto, en los términos que establezca la ley.

2. La circunscripción electoral es la provincia. Las poblaciones de Ceuta y Melilla estarán representadas cada una de ellas por un Diputado. La ley distribuirá el número total de Diputados, asignando una representación mínima inicial a cada circunscripción y distribuyendo los demás en proporción a la población.

3. La elección se verificará en cada circunscripción atendiendo a criterios de representación proporcional.

4. El Congreso es elegido por cuatro años. El mandato de los Diputados termina cuatro años después de su elección o el día de la disolución de la Cámara.

5. Son electores y elegibles todos los españoles que estén en pleno uso de sus derechos políticos.

La ley reconocerá y el Estado facilitará el ejercicio del derecho de sufragio a los españoles que se encuentren fuera del territorio de España.

6. Las elecciones tendrán lugar entre los treinta días y sesenta días desde la terminación del mandato. El Congreso electo deberá ser convocado dentro de los veinticinco días siguientes a la celebración de las elecciones.

69. 1. El Senado es la Cámara de representación territorial.

2. En cada provincia se elegirán cuatro Senadores por sufragio universal, libre, igual, directo y secreto por los votantes de cada una de ellas, en los términos que señale una ley orgánica.

3. En las provincias insulares, cada isla o agrupación de ellas, con Cabildo o Consejo Insular, constituirá una circunscripción a efectos de elección de Senadores, correspondiendo tres a cada una de las islas mayores —Gran Canaria, Mallorca y Tenerife— y uno a cada una de las siguientes islas o agrupaciones: Ibiza-Formentera, Menorca, Fuerteventura, Gomera, Hierro, Lanzarote y La Palma.

4. Las poblaciones de Ceuta y Melilla elegirán cada una de ellas dos Senadores.

5. Las Comunidades Autónomas designarán además un Senador y otro más por cada millón de habitantes de su respectivo territorio. La designación corresponderá a la Asamblea legislativa o, en su defecto, al órgano colegiado superior de la Comunidad Autónoma, de acuerdo con lo que establezcan los Estatutos, que asegurarán, en todo caso, la adecuada representación proporcional.

6. El Senado es elegido por cuatro años. El mandato de los Senadores termina cuatro años después de su elección o el día de la disolución de la Cámara.

70. 1. La ley electoral determinará las causas de inelegibilidad e incompatibilidad de los Diputados y Senadores, que comprenderán, en todo caso:

a) A los componentes del Tribunal Constitucional.

b) A los altos cargos de la Administración del Estado que determine la ley, con la excepción de los miembros del Gobierno.

c) Al Defensor del Pueblo.

d) A los Magistrados, Jueces y Fiscales en activo.

e) A los militares profesionales y miembros de las Fuerzas y Cuerpos de Seguridad y Policía en activo.

f) A los miembros de las Juntas Electorales.

2. La validez de las actas y credenciales de los miembros de ambas Cámaras estará sometida al control judicial, en los términos que establezca la ley electoral.

71. 1. Los Diputados y Senadores gozarán de inviolabilidad por las opiniones manifestadas en el ejercicio de sus funciones.

2. Durante el período de su mandato los Diputados y Senadores gozarán asimismo de inmunidad y sólo podrán ser detenidos en caso de flagrante delito. No podrán ser inculpados ni procesados sin la previa autorización de la Cámara respectiva.

3. En las causas contra Diputados y Senadores será competente la Sala de lo Penal del Tribunal Supremo.

4. Los Diputados y Senadores percibirán una asignación que será fijada por las respectivas Cámaras.

72. 1. Las Cámaras establecen sus propios Reglamentos, aprueban autónomamente sus presupuestos y, de común acuerdo, regulan el Estatuto del Personal de las Cortes Generales. Los Reglamentos y su reforma serán sometidos a una votación final sobre su totalidad, que requerirá la mayoría absoluta.

2. Las Cámaras eligen sus respectivos Presidentes y los demás miembros de sus Mesas. Las sesiones conjuntas serán presididas por el Presidente del Congreso y se regirán por un Reglamento de las Cortes Generales aprobado por mayoría absoluta de cada Cámara.

3. Los Presidentes de las Cámaras ejercen en nombre de las mismas todos los poderes administrativos y facultades de policía en el interior de sus respectivas sedes.

73. 1. Las Cámaras se reunirán anualmente en dos períodos ordinarios de sesiones: el primero, de septiembre a diciembre, y el segundo, de febrero a junio.

2. Las Cámaras podrán reunirse en sesiones extraordinarias, a petición del Gobierno, de la Diputación Permanente o de la mayoría absoluta de los miembros de cualquiera de las Cámaras. Las sesiones extraordinarias deberán convocarse sobre un orden del día determinado y serán clausuradas una vez que éste haya sido agotado.

74. 1. Las Cámaras se reunirán en sesión conjunta para ejercer las competencias no legislativas que el Título II atribuye expresamente a las Cortes Generales.

2. Las decisiones de las Cortes Generales previstas en los artículos 94, 1, 145, 2 y 158, 2, se adoptarán por mayoría de cada una de las Cámaras. En el primer caso, el procedimiento se iniciará por el Congreso, y en los otros dos, por el Senado. En ambos casos, si no hubiera acuerdo entre Senado y Congreso, se intentará obtener por una Comisión Mixta compuesta de igual número de Diputados y Senadores. La Comisión presentará un texto que será votado por ambas Cámaras. Si no se aprueba en la forma establecida, decidirá el Congreso por mayoría absoluta.

75. 1. Las Cámaras funcionarán en Pleno y por Comisiones.

2. Las Cámaras podrán delegar en las Comisiones Legislativas Permanentes la aprobación de proyectos o proposiciones de ley. El Pleno podrá, no obstante, recabar en cualquier momento el debate y votación de cualquier proyecto o proposición de ley que haya sido objeto de esta delegación.

3. Quedan exceptuados de lo dispuesto en el apartado anterior la reforma constitucional, las cuestiones internacionales, las leyes orgánicas y de bases y los Presupuestos Generales del Estado.

76. 1. El Congreso y el Senado, y, en su caso, ambas Cámaras conjuntamente, podrán nombrar Comisiones de investigación sobre cualquier asunto de interés público. Sus conclusiones no serán vinculantes para los Tribunales, ni afectarán a las resoluciones judiciales, sin perjuicio de que el resultado de la investigación sea comunicado al Ministerio Fiscal para el ejercicio, cuando proceda, de las acciones oportunas.

2. Será obligatorio comparecer a requerimiento de las Cámaras. La ley regulará las sanciones que puedan imponerse por incumplimiento de esta obligación.

77. 1. Las Cámaras pueden recibir peticiones individuales y colectivas, siempre por escrito, quedando prohibida la presentación directa por manifestaciones ciudadanas.

2. Las Cámaras pueden remitir al Gobierno las peticiones que reciban. El Gobierno está obligado a explicarse sobre su contenido, siempre que las Cámaras lo exijan.

78. 1. En cada Cámara habrá una Diputación Permanente compuesta por un mínimo de veintiún miembros, que representarán a los grupos parlamentarios, en proporción a su importancia numérica.

2. Las Diputaciones Permanentes estarán presididas por el Presidente de la Cámara respectiva y tendrán como funciones la prevista en el artículo 73, la de asumir las facultades que correspondan a las Cámaras, de acuerdo con los artículos 86 y 116, en caso de que éstas hubieren sido disueltas o hubiere expirado su mandato y la de velar por los poderes de las Cámaras cuando éstas no estén reunidas.

3. Expirado el mandato o en caso de disolución, las Diputaciones Permanentes seguirán ejerciendo sus funciones hasta la constitución de las nuevas Cortes Generales.

4. Reunida la Cámara correspondiente, la Diputación Permanente dará cuenta de los asuntos tratados y de sus decisiones.

79. 1. Para adoptar acuerdos, las Cámaras deben estar reunidas reglamentariamente y con asistencia de la mayoría de sus miembros.

2. Dichos acuerdos, para ser válidos, deberán ser aprobados por la mayoría de los miembros presentes, sin perjuicio de las mayorías especiales que establezcan la Constitución o las leyes orgánicas y las que para elección de personas establezcan los Reglamentos de las Cámaras.

3. El voto de Senadores y Diputados es personal e indelegable.

80. Las sesiones plenarias de las Cámaras serán públicas, salvo acuerdo en contrario de cada Cámara, adoptado por mayoría absoluta o con arreglo al Reglamento.

CAPÍTULO II
De la elaboración de las leyes

81. 1. Son leyes orgánicas las relativas al desarrollo de los derechos fundamentales y de las libertades públicas, las que aprueben los Estatutos de Autonomía y el régimen electoral general y las demás previstas en la Constitución.

2. La aprobación, modificación o derogación de las leyes orgánicas exigirá mayoría absoluta del Congreso, en una votación final sobre el conjunto del proyecto.

82. 1. Las Cortes Generales podrán delegar en el Gobierno la potestad de dictar normas con rango de ley sobre materias determinadas no incluidas en el artículo anterior.

2. La delegación legislativa deberá otorgarse mediante una ley de bases cuando su objeto sea la formación de textos articulados o por una ley ordinaria cuando se trate de refundir varios textos legales en uno solo.

3. La delegación legislativa habrá de otorgarse al Gobierno de forma expresa para materia concreta y con fijación del plazo para su ejercicio. La delegación se agota por el uso que de ella haga el Gobierno mediante la publicación de la norma correspondiente. No podrá entenderse concedida de modo implícito o por tiempo indeterminado. Tampoco podrá permitir la subdelegación a autoridades distintas del propio Gobierno.

4. Las leyes de bases delimitarán con precisión el objeto y alcance de la delegación legislativa y los principios y criterios que han de seguirse en su ejercicio.

5. La autorización para refundir textos legales determinará el ámbito normativo a que se refiere el contenido de la delegación, especificando si se circunscribe a la mera formulación de un texto único o si se incluye la de regularizar, aclarar y armonizar los textos legales que han de ser refundidos.

6. Sin perjuicio de la competencia propia de los Tribunales, las leyes de delegación podrán establecer en cada caso fórmulas adicionales de control.

83. Las leyes de bases no podrán en ningún caso:

a) Autorizar la modificación de la propia ley de bases.
b) Facultar para dictar normas con carácter retroactivo.

84. Cuando una proposición de ley o una enmienda fuere contraria a una delegación legislativa en vigor, el Gobierno está facultado para oponerse a su tramitación. En tal supuesto, podrá presentarse una proposición de ley para la derogación total o parcial de la ley de delegación.

85. Las disposiciones del Gobierno que contengan legislación delegada recibirán el título de Decretos Legislativos.

86. 1. En caso de extraordinaria y urgente necesidad, el Gobierno podrá dictar disposiciones legislativas provisionales que tomarán la forma de Decretos-leyes y que no podrán afectar al ordenamiento de las instituciones básicas del Estado, a los derechos, deberes y libertades de los ciudadanos regulados en el Título primero, al régimen de las Comunidades Autónomas ni al Derecho electoral general.

2. Los Decretos-leyes deberán ser inmediatamente sometidos a debate y votación de totalidad al Congreso de los Diputados, convocado al efecto si no estuviere reunido, en el plazo de los treinta días siguientes a su promulgación. El Congreso habrá de pronunciarse expresamente dentro de dicho plazo sobre su convalidación o derogación, para lo cual el Reglamento establecerá un procedimiento especial y sumario.

3. Durante el plazo establecido en el apartado anterior, las Cortes podrán tramitarlos como proyectos de ley por el procedimiento de urgencia.

87. 1. La iniciativa legislativa corresponde al Gobierno, al Congreso y al Senado, de acuerdo con la Constitución y los Reglamentos de las Cámaras.

2. Las Asambleas de las Comunidades Autónomas podrán solicitar del Gobierno la adopción de un proyecto de ley o remitir a la Mesa del Congreso una proposición de ley, delegando ante dicha Cámara un máximo de tres miembros de la Asamblea encargados de su defensa.

3. Una ley orgánica regulará las formas de ejercicio y requisitos de la iniciativa popular para la presentación de proposiciones de ley. En todo caso se exigirán no menos de 500.000 firmas acreditadas. No procederá dicha iniciativa en materias propias de ley orgánica, tributarias o de carácter internacional, ni en lo relativo a la prerrogativa de gracia.

88. Los proyectos de ley serán aprobados en Consejo de Ministros, que los someterá al Congreso, acompañados de una exposición de motivos y de los antecedentes necesarios para pronunciarse sobre ellos.

89. 1. La tramitación de las proposiciones de ley se regulará por los Reglamentos de las Cámaras, sin que la prioridad debida a los proyectos de ley impida el ejercicio de la iniciativa legislativa en los términos regulados por el artículo 87.

2. Las proposiciones de ley que, de acuerdo con el artículo 87, tome en consideración el Senado, se remitirán al Congreso para su trámite en éste como tal proposición.

90. 1. Aprobado un proyecto de ley ordinaria u orgánica por el Congreso de los Diputados, su Presidente dará inmediata cuenta del mismo al Presidente del Senado, el cual lo someterá a la deliberación de éste.

2. El Senado en el plazo de dos meses, a partir del día de la recepción del texto, puede, mediante mensaje motivado, oponer su veto o introducir enmiendas al mismo. El veto deberá ser aprobado por mayoría absoluta. El proyecto no podrá ser sometido al Rey para sanción sin que el Congreso ratifique por mayoría absoluta, en caso de veto, el texto inicial, o por mayoría simple, una vez transcurridos dos meses desde la interposición del mismo, o se pronuncie sobre las enmiendas, aceptándolas o no por mayoría simple.

3. El plazo de dos meses de que el Senado dispone para vetar o enmendar el proyecto se reducirá al de veinte días naturales en los proyectos declarados urgentes por el Gobierno o por el Congreso de los Diputados.

91. El Rey sancionará en el plazo de quince días las leyes aprobadas por las Cortes Generales, y las promulgará y ordenará su inmediata publicación.

92. 1. Las decisiones políticas de especial trascendencia podrán ser sometidas a referéndum consultivo de todos los ciudadanos.

2. El referéndum será convocado por el Rey, mediante propuesta del Presidente del Gobierno, previamente autorizada por el Congreso de los Diputados.

3. Una ley orgánica regulará las condiciones y el procedimiento de las distintas modalidades de referéndum previstas en esta Constitución.

CAPÍTULO III
De los Tratados Internacionales

93. Mediante ley orgánica se podrá autorizar la celebración de tratados por los que se atribuya a una organización o institución internacional el ejercicio de competencias derivadas de la Constitución. Corresponde a las Cortes Generales o al Gobierno, según los casos, la garantía del cumplimiento de estos tratados y de las resoluciones emanadas de los organismos internacionales o supranacionales titulares de la cesión.

94. 1. La prestación del consentimiento del Estado para obligarse por medio de tratados o convenios requerirá la previa autorización de las Cortes Generales, en los siguientes casos:

a) Tratados de carácter político.

b) Tratados o convenios de carácter militar.

c) Tratados o convenios que afecten a la integridad territorial del Estado o a los derechos y deberes fundamentales establecidos en el Título I.

d) Tratados o convenios que impliquen obligaciones financieras para la Hacienda Pública.

e) Tratados o convenios que supongan modificación o derogación de alguna ley o exijan medidas legislativas para su ejecución.

2. El Congreso y el Senado serán inmediatamente informados de la conclusión de los restantes tratados o convenios.

95. 1. La celebración de un tratado internacional que contenga estipulaciones contrarias a la Constitución exigirá la previa revisión constitucional.

2. El Gobierno o cualquiera de las Cámaras puede requerir al Tribunal Constitucional para que declare si existe o no esa contradicción.

96. 1. Los tratados internacionales válidamente celebrados, una vez publicados oficialmente en España, formarán

parte del ordenamiento interno. Sus disposiciones sólo podrán ser derogadas, modificadas o suspendidas en la forma prevista en los propios tratados o de acuerdo con las normas generales del Derecho internacional.

2. Para la denuncia de los tratados y convenios internacionales se utilizará el mismo procedimiento previsto para su aprobación en el artículo 94.

TÍTULO IV
Del Gobierno y de la Administración

97. El Gobierno dirige la política interior y exterior, la Administración civil y militar y la defensa del Estado. Ejerce la función ejecutiva y la potestad reglamentaria de acuerdo con la Constitución y las leyes.

98. 1. El Gobierno se compone del Presidente, de los Vicepresidentes, en su caso, de los Ministros y de los demás miembros que establezca la ley.

2. El Presidente dirige la acción del Gobierno y coordina las funciones de los demás miembros del mismo, sin perjuicio de la competencia y responsabilidad directa de éstos en su gestión.

3. Los miembros del Gobierno no podrán ejercer otras funciones representativas que las propias del mandato parlamentario, ni cualquier otra función pública que no derive de su cargo, ni actividad profesional o mercantil alguna.

4. La ley regulará el estatuto e incompatibilidades de los miembros del Gobierno.

99. 1. Después de cada renovación del Congreso de los Diputados, y en los demás supuestos constitucionales en que así proceda, el Rey, previa consulta con los representantes designados por los Grupos políticos con representación parlamentaria, y a través del Presidente del Congreso, propondrá un candidato a la Presidencia del Gobierno.

2. El candidato propuesto conforme a lo previsto en el apartado anterior expondrá ante el Congreso de los Diputados el programa político del Gobierno que pretenda formar y solicitará la confianza de la Cámara.

3. Si el Congreso de los Diputados, por el voto de la mayoría absoluta de sus miembros, otorgare su confianza a dicho candidato, el Rey le nombrará Presidente. De no alcanzarse dicha mayoría, se someterá la misma propuesta a nueva votación cuarenta y ocho horas después de la anterior, y la confianza se entenderá otorgada si obtuviere la mayoría simple.

4. Si efectuadas las citadas votaciones no se otorgare la confianza para la investidura, se tramitarán sucesivas propuestas en la forma prevista en los apartados anteriores.

5. Si transcurrido el plazo de dos meses, a partir de la primera votación de investidura, ningún candidato hubiere obtenido la confianza del Congreso, el Rey disolverá ambas Cámaras y convocará nuevas elecciones con el refrendo del Presidente del Congreso.

100. Los demás miembros del Gobierno serán nombrados y separados por el Rey, a propuesta de su Presidente.

101. 1. El Gobierno cesa tras la celebración de elecciones generales, en los casos de pérdida de la confianza parlamentaria previstos en la Constitución, o por dimisión o fallecimiento de su Presidente.

2. El Gobierno cesante continuará en funciones hasta la toma de posesión del nuevo Gobierno.

102. 1. La responsabilidad criminal del Presidente y los demás miembros del Gobierno será exigible, en su caso, ante la Sala de lo Penal del Tribunal Supremo.

2. Si la acusación fuere por traición o por cualquier delito contra la seguridad del Estado en el ejercicio de sus funciones, sólo podrá ser planteada por iniciativa de la cuarta parte de los miembros del Congreso, y con la aprobación de la mayoría absoluta del mismo.

3. La prerrogativa real de gracia no será aplicable a ninguno de los supuestos del presente artículo.

103. 1. La Administración Pública sirve con objetividad los intereses generales y actúa de acuerdo con los principios de eficacia, jerarquía, descentralización, desconcentración y coordinación, con sometimiento pleno a la ley y al Derecho.

2. Los órganos de la Administración del Estado son creados, regidos y coordinados de acuerdo con la ley.

3. La ley regulará el estatuto de los funcionarios públicos, el acceso a la función pública de acuerdo con los principios de mérito y capacidad, las peculiaridades del ejercicio de su derecho a sindicación, el sistema de incompatibilidades y las garantías para la imparcialidad en el ejercicio de sus funciones.

104. 1. Las Fuerzas y Cuerpos de seguridad, bajo la dependencia del Gobierno, tendrán como misión proteger el libre ejercicio de los derechos y libertades y garantizar la seguridad ciudadana.

2. Una ley orgánica determinará las funciones, principios básicos de actuación y estatutos de las Fuerzas y Cuerpos de seguridad.

105. La ley regulará:

a) La audiencia de los ciudadanos, directamente o a través de las organizaciones y asociaciones reconocidas por la ley, en el procedimiento de elaboración de las disposiciones administrativas que les afecten.

b) El acceso de los ciudadanos a los archivos y registros administrativos, salvo en lo que afecte a la seguridad y defensa del Estado, la averiguación de los delitos y la intimidad de las personas.

c) El procedimiento a través del cual deben producirse los actos administrativos, garantizando, cuando proceda, la audiencia del interesado.

106. 1. Los Tribunales controlan la potestad reglamentaria y la legalidad de la actuación administrativa, así como el sometimiento de ésta a los fines que la justifican.

2. Los particulares, en los términos establecidos por la ley, tendrán derecho a ser indemnizados por toda lesión que sufran en cualquiera de sus bienes y derechos, salvo en los casos de fuerza mayor, siempre que la lesión sea consecuencia del funcionamiento de los servicios públicos.

107. El Consejo de Estado es el supremo órgano consultivo del Gobierno. Una ley orgánica regulará su composición y competencia.

TÍTULO V

De las relaciones entre el Gobierno y las Cortes Generales

108. El Gobierno responde solidariamente en su gestión política ante el Congreso de los Diputados.

109. Las Cámaras y sus Comisiones podrán recabar, a través de los Presidentes de aquéllas, la información y ayuda que precisen del Gobierno y de sus Departamentos y de cualesquiera autoridades del Estado y de las Comunidades Autónomas.

110. 1. Las Cámaras y sus Comisiones pueden reclamar la presencia de los miembros del Gobierno.

2. Los miembros del Gobierno tienen acceso a las sesiones de las Cámaras y a sus Comisiones y la facultad de hacerse oír en ellas, y podrán solicitar que informen ante las mismas funcionarios de sus Departamentos.

111. 1. El Gobierno y cada uno de sus miembros están sometidos a las interpelaciones y preguntas que se le formulen en las Cámaras. Para esta clase de debate los Reglamentos establecerán un tiempo mínimo semanal.

2. Toda interpelación podrá dar lugar a una moción en la que la Cámara manifieste su posición.

112. El Presidente del Gobierno, previa deliberación del Consejo de Ministros, puede plantear ante el Congreso de los Diputados la cuestión de confianza sobre su programa o sobre una declaración de política general. La confianza se entenderá otorgada cuando vote a favor de la misma la mayoría simple de los Diputados.

113. 1. El Congreso de los Diputados puede exigir la responsabilidad política del Gobierno mediante la adopción por mayoría absoluta de la moción de censura.

2. La moción de censura deberá ser propuesta al menos por la décima parte de los Diputados, y habrá de incluir un candidato a la Presidencia del Gobierno.

3. La moción de censura no podrá ser votada hasta que transcurran cinco días desde su presentación. En los dos pri-

meros días de dicho plazo podrán presentarse mociones alternativas.

4. Si la moción de censura no fuere aprobada por el Congreso, sus signatarios no podrán presentar otra durante el mismo período de sesiones.

114. 1. Si el Congreso niega su confianza al Gobierno, éste presentará su dimisión al Rey, procediéndose a continuación a la designación del Presidente del Gobierno, según lo dispuesto en el artículo 99.

2. Si el Congreso adopta una moción de censura, el Gobierno presentará su dimisión al Rey y el candidato incluido en aquélla se entenderá investido de la confianza de la Cámara a los efectos previstos en el artículo 99. El Rey le nombrará Presidente del Gobierno.

115. 1. El Presidente del Gobierno, previa deliberación del Consejo de Ministros, y bajo su exclusiva responsabilidad, podrá proponer la disolución del Congreso, del Senado o de las Cortes Generales, que será decretada por el Rey. El Decreto de disolución fijará la fecha de las elecciones.

2. La propuesta de disolución no podrá presentarse cuando esté en trámite una moción de censura.

3. No procederá nueva disolución antes de que transcurra un año desde la anterior, salvo lo dispuesto en el artículo 99, apartado 5.

116. 1. Una ley orgánica regulará los estados de alarma, de excepción y de sitio, y las competencias y limitaciones correspondientes.

2. El estado de alarma será declarado por el Gobierno mediante decreto acordado en Consejo de Ministros por un plazo máximo de quince días, dando cuenta al Congreso de los Diputados, reunido inmediatamente al efecto y sin cuya autorización no podrá ser prorrogado dicho plazo. El decreto determinará el ámbito territorial a que se extienden los efectos de la declaración.

3. El estado de excepción será declarado por el Gobierno mediante decreto acordado en Consejo de Ministros, previa autorización del Congreso de los Diputados. La autorización y proclamación del estado de excepción deberá determinar

expresamente los efectos del mismo, el ámbito territorial a que se extiende y su duración, que no podrá exceder de treinta días, prorrogables por otro plazo igual, con los mismos requisitos.

4. El estado de sitio será declarado por la mayoría absoluta del Congreso de los Diputados, a propuesta exclusiva del Gobierno. El Congreso determinará su ámbito territorial, duración y condiciones.

5. No podrá procederse a la disolución del Congreso mientras estén declarados algunos de los estados comprendidos en el presente artículo, quedando automáticamente convocadas las Cámaras si no estuvieren en período de sesiones. Su funcionamiento, así como el de los demás poderes constitucionales del Estado, no podrán interrumpirse durante la vigencia de estos estados.

Disuelto el Congreso o expirado su mandato, si se produjere alguna de las situaciones que dan lugar a cualquiera de dichos estados, las competencias del Congreso serán asumidas por su Diputación Permanente.

6. La declaración de los estados de alarma, de excepción y de sitio no modificará el principio de responsabilidad del Gobierno y de sus agentes reconocidos en la Constitución y en las leyes.

TÍTULO VI
Del poder judicial

117. 1. La justicia emana del pueblo y se administra en nombre del Rey por Jueces y Magistrados integrantes del poder judicial, independientes, inamovibles, responsables y sometidos únicamente al imperio de la ley.

2. Los Jueces y Magistrados no podrán ser separados, suspendidos, trasladados ni jubilados, sino por alguna de las causas y con las garantías previstas en la ley.

3. El ejercicio de la potestad jurisdiccional en todo tipo de procesos, juzgando y haciendo ejecutar lo juzgado, corresponde exclusivamente a los Juzgados y Tribunales determinados por las leyes, según las normas de competencia y procedimiento que las mismas establezcan.

4. Los Juzgados y Tribunales no ejercerán más funciones que las señaladas en el apartado anterior y las que expresamente les sean atribuidas por ley en garantía de cualquier derecho.

5. El principio de unidad jurisdiccional es la base de la organización y funcionamiento de los Tribunales. La ley regulará el ejercicio de la jurisdicción militar en el ámbito estrictamente castrense y en los supuestos de estado de sitio, de acuerdo con los principios de la Constitución.

6. Se prohíben los Tribunales de excepción.

118. Es obligado cumplir las sentencias y demás resoluciones firmes de los Jueces y Tribunales, así como prestar la colaboración requerida por éstos en el curso del proceso y en la ejecución de lo resuelto.

119. La justicia será gratuita cuando así lo disponga la ley y, en todo caso, respecto de quienes acrediten insuficiencia de recursos para litigar.

120. 1. Las actuaciones judiciales serán públicas, con las excepciones que prevean las leyes de procedimiento.

2. El procedimiento será predominantemente oral, sobre todo en materia criminal.

3. Las sentencias serán siempre motivadas y se pronunciarán en audiencia pública.

121. Los daños causados por error judicial, así como los que sean consecuencia del funcionamiento anormal de la Administración de Justicia, darán derecho a una indemnización a cargo del Estado, conforme a la ley.

122. 1. La ley orgánica del poder judicial determinará la constitución, funcionamiento y gobierno de los Juzgados y Tribunales, así como el estatuto jurídico de los Jueces y Magistrados de carrera, que formarán un Cuerpo único, y del personal al servicio de la Administración de Justicia.

2. El Consejo General del Poder Judicial es el órgano de gobierno del mismo. La ley orgánica establecerá su estatuto y el régimen de incompatibilidades de sus miembros y sus funciones, en particular en materia de nombramientos, ascensos, inspección y régimen disciplinario.

3. El Consejo General del Poder Judicial estará integrado por el Presidente del Tribunal Supremo, que lo presidirá, y por veinte miembros nombrados por el Rey por un período de cinco años. De éstos, doce entre Jueces y Magistrados de todas las categorías judiciales, en los términos que establezca la ley orgánica; cuatro a propuesta del Congreso de los Diputados, y cuatro a propuesta del Senado, elegidos en ambos casos por mayoría de tres quintos de sus miembros, entre abogados y otros juristas, todos ellos de reconocida competencia y con más de quince años de ejercicio en su profesión.

123. 1. El Tribunal Supremo, con jurisdicción en toda España, es el órgano jurisdiccional superior en todos los órdenes, salvo lo dispuesto en materia de garantías constitucionales.

2. El Presidente del Tribunal Supremo será nombrado por el Rey, a propuesta del Consejo General del Poder Judicial, en la forma que determine la ley.

124. 1. El Ministerio Fiscal, sin perjuicio de las funciones encomendadas a otros órganos, tiene por misión promover la acción de la justicia en defensa de la legalidad, de los derechos de los ciudadanos y del interés público tutelado por la ley, de oficio o a petición de los interesados, así como velar por la independencia de los Tribunales y procurar ante éstos la satisfacción del interés social.

2. El Ministerio Fiscal ejerce sus funciones por medio de órganos propios conforme a los principios de unidad de actuación y dependencia jerárquica y con sujeción, en todo caso, a los de legalidad e imparcialidad.

3. La ley regulará el estatuto orgánico del Ministerio Fiscal.

4. El Fiscal General del Estado será nombrado por el Rey, a propuesta del Gobierno, oído el Consejo General del Poder Judicial.

125. Los ciudadanos podrán ejercer la acción popular y participar en la Administración de Justicia mediante la institución del Jurado, en la forma y con respecto a aquellos procesos penales que la ley determine, así como en los Tribunales consuetudinarios y tradicionales.

126. La policía judicial depende de los Jueces, de los Tribunales y del Ministerio Fiscal en sus funciones de averiguación del delito y descubrimiento y aseguramiento del delincuente, en los términos que la ley establezca.

127. 1. Los Jueces y Magistrados, así como los Fiscales, mientras se hallen en activo, no podrán desempeñar otros cargos públicos, ni pertenecer a partidos políticos o sindicatos. La ley establecerá el sistema y modalidades de asociación profesional de los Jueces, Magistrados y Fiscales.

2. La ley establecerá el régimen de incompatibilidades de los miembros del poder judicial, que deberá asegurar la total independencia de los mismos.

TÍTULO VII
Economía y Hacienda

128. 1. Toda la riqueza del país en sus distintas formas y sea cual fuere su titularidad está subordinada al interés general.

2. Se reconoce la iniciativa pública en la actividad económica. Mediante ley se podrá reservar al sector público recursos o servicios esenciales, especialmente en caso de monopolio y asimismo acordar la intervención de empresas cuando así lo exigiere el interés general.

129. 1. La ley establecerá las formas de participación de los interesados en la Seguridad Social y en la actividad de los organismos públicos cuya función afecte directamente a la calidad de la vida o al bienestar general.

2. Los poderes públicos promoverán eficazmente las diversas formas de participación en la empresa y fomentarán, mediante una legislación adecuada, las sociedades cooperativas. También establecerán los medios que faciliten el acceso de los trabajadores a la propiedad de los medios de producción.

130. 1. Los poderes públicos atenderán a la modernización y desarrollo de todos los sectores económicos y, en particular, de la agricultura, de la ganadería, de la pesca y de la artesanía, a fin de equiparar el nivel de vida de todos los españoles.

2. Con el mismo fin se dispensará un tratamiento especial a las zonas de montaña.

131. 1. El Estado, mediante ley, podrá planificar la actividad económica general para atender a las necesidades colectivas, equilibrar y armonizar el desarrollo regional y sectorial y estimular el crecimiento de la renta y de la riqueza y su más justa distribución.

2. El Gobierno elaborará los proyectos de planificación, de acuerdo con las previsiones que le sean suministradas por las Comunidades Autónomas y el asesoramiento y colaboración de los sindicatos y otras organizaciones profesionales, empresariales y económicas. A tal fin se constituirá un Consejo, cuya composición y funciones se desarrollarán por ley.

132. 1. La ley regulará el régimen jurídico de los bienes de dominio público y de los comunales, inspirándose en los principios de inalienabilidad, imprescriptibilidad e inembargabilidad, así como su desafectación.

2. Son bienes de dominio público estatal los que determine la ley y, en todo caso, la zona marítimo-terrestre, las playas, el mar territorial y los recursos naturales de la zona económica y la plataforma continental.

3. Por ley se regularán el Patrimonio del Estado y el Patrimonio Nacional, su administración, defensa y conservación.

133. 1. La potestad originaria para establecer los tributos corresponde exclusivamente al Estado, mediante ley.

2. Las Comunidades Autónomas y las Corporaciones locales podrán establecer y exigir tributos, de acuerdo con la Constitución y las leyes.

3. Todo beneficio fiscal que afecte a los tributos del Estado deberá establecerse en virtud de ley.

4. Las administraciones públicas sólo podrán contraer obligaciones financieras y realizar gastos de acuerdo con las leyes.

134. 1. Corresponde al Gobierno la elaboración de los Presupuestos Generales del Estado y a las Cortes Generales su examen, enmienda y aprobación.

2. Los Presupuestos Generales del Estado tendrán carácter anual, incluirán la totalidad de los gastos e ingresos del sector público estatal y en ellos se consignará el importe de los beneficios fiscales que afecten a los tributos del Estado.

3. El Gobierno deberá presentar ante el Congreso de los Diputados los Presupuestos Generales del Estado al menos tres meses antes de la expiración de los del año anterior.

4. Si la Ley de Presupuestos no se aprobara antes del primer día del ejercicio económico correspondiente, se considerarán automáticamente prorrogados los Presupuestos del ejercicio anterior hasta la aprobación de los nuevos.

5. Aprobados los Presupuestos Generales del Estado, el Gobierno podrá presentar proyectos de ley que impliquen aumento del gasto público o disminución de los ingresos correspondientes al mismo ejercicio presupuestario.

6. Toda proposición o enmienda que suponga aumento de los créditos o disminución de los ingresos presupuestarios requerirá la conformidad del Gobierno para su tramitación.

7. La Ley de Presupuestos no puede crear tributos. Podrá modificarlos cuando una ley tributaria sustantiva así lo prevea.

135. 1. El Gobierno habrá de estar autorizado por ley para emitir Deuda Pública o contraer crédito.

2. Los créditos para satisfacer el pago de intereses y capital de la Deuda Pública del Estado se entenderán siempre incluidos en el estado de gastos de los presupuestos y no podrán ser objeto de enmienda o modificación, mientras se ajusten a las condiciones de la ley de emisión.

136. 1. El Tribunal de Cuentas es el supremo órgano fiscalizador de las cuentas y de la gestión económica de Estado, así como del sector público.

Dependerá directamente de las Cortes Generales y ejercerá sus funciones por delegación de ellas en el examen y comprobación de la Cuenta General del Estado.

2. Las cuentas del Estado y del sector público estatal se rendirán al Tribunal de Cuentas y serán censuradas por éste.

El Tribunal de Cuentas, sin perjuicio de su propia jurisdicción, remitirá a las Cortes Generales un informe anual en el que, cuando proceda, comunicará las infracciones o responsabilidades en que, a su juicio, se hubiere incurrido.

3. Los miembros del Tribunal de Cuentas gozarán de la misma independencia e inamovilidad y estarán sometidos a las mismas incompatibilidades que los Jueces.

4. Una ley orgánica regulará la composición, organización y funciones del Tribunal de Cuentas.

TÍTULO VIII

De la Organización Territorial del Estado

CAPÍTULO PRIMERO

Principios generales

137. El Estado se organiza territorialmente en municipios, en provincias y en las Comunidades Autónomas que se constituyan. Todas estas entidades gozan de autonomía para la gestión de sus respectivos intereses.

138. 1. El Estado garantiza la realización efectiva del principio de solidaridad consagrado en el artículo 2 de la Constitución, velando por el establecimiento de un equilibrio económico, adecuado y justo entre las diversas partes del territorio español, y atendiendo en particular a las circunstancias del hecho insular.

2. Las diferencias entre los Estatutos de las distintas Comunidades Autónomas no podrán implicar, en ningún caso, privilegios económicos o sociales.

139. 1. Todos los españoles tienen los mismos derechos y obligaciones en cualquier parte del territorio del Estado.

2. Ninguna autoridad podrá adoptar medidas que directa o indirectamente obstaculicen la libertad de circulación y establecimiento de las personas y la libre circulación de bienes en todo el territorio español.

CAPÍTULO II

De la Administración Local

140. La Constitución garantiza la autonomía de los municipios. Estos gozarán de personalidad jurídica plena. Su gobierno y administración corresponde a sus respectivos Ayuntamientos, integrados por los Alcaldes y los Concejales. Los

Concejales serán elegidos por los vecinos del municipio mediante sufragio universal, igual, libre, directo y secreto, en la forma establecida por la ley. Los Alcaldes serán elegidos por los Concejales o por los vecinos. La ley regulará las condiciones en las que proceda el régimen del concejo abierto.

141. 1. La provincia es una entidad local con personalidad jurídica propia, determinada por la agrupación de municipios y división territorial para el cumplimiento de las actividades del Estado. Cualquier alteración de los límites provinciales habrá de ser aprobada por las Cortes Generales mediante ley orgánica.

2. El gobierno y la administración autónoma de las provincias estarán encomendados a Diputaciones u otras Corporaciones de carácter representativo.

3. Se podrán crear agrupaciones de municipios diferentes de la provincia.

4. En los archipiélagos, las islas tendrán además su administración propia en forma de Cabildos o Consejos.

142. Las Haciendas locales deberán disponer de los medios suficientes para el desempeño de las funciones que la ley atribuye a las Corporaciones respectivas y se nutrirán fundamentalmente de tributos propios y de participación en los del Estado y de las Comunidades Autónomas.

CAPÍTULO III

De las Comunidades Autónomas

143. 1. En el ejercicio del derecho a la autonomía reconocido en el artículo 2 de la Constitución, las provincias limítrofes con características históricas, culturales y económicas comunes, los territorios insulares y las provincias con entidad regional histórica podrán acceder a su autogobierno y constituirse en Comunidades Autónomas con arreglo a lo previsto en este Título y en los respectivos Estatutos.

2. La iniciativa del proceso autonómico corresponde a todas las Diputaciones interesadas o al órgano interinsular correspondiente y a las dos terceras partes de los municipios cuya población represente, al menos, la mayoría del censo electoral de cada provincia o isla. Estos requisitos deberán ser

cumplidos en el plazo de seis meses desde el primer acuerdo adoptado al respecto por alguna de las Corporaciones locales interesadas.

3. La iniciativa, en caso de no prosperar, solamente podrá reiterarse pasados cinco años.

144. Las Cortes Generales, mediante ley orgánica, podrán, por motivos de interés nacional:

a) Autorizar la constitución de una comunidad autónoma cuando su ámbito territorial no supere el de una provincia y no reúna las condiciones del apartado 1 del artículo 143.

b) Autorizar o acordar, en su caso, un Estatuto de autonomía para territorios que no estén integrados en la organización provincial.

c) Sustituir la iniciativa de las Corporaciones locales a que se refiere el apartado 2 del artículo 143.

145. 1. En ningún caso se admitirá la federación de Comunidades Autónomas.

2. Los Estatutos podrán prever los supuestos, requisitos y términos en que las Comunidades Autónomas podrán celebrar convenios entre sí para la gestión y prestación de servicios propios de las mismas, así como el carácter y efectos de la correspondiente comunicación a las Cortes Generales. En los demás supuestos, los acuerdos de cooperación entre las Comunidades Autónomas necesitarán la autorización de las Cortes Generales.

146. El proyecto de Estatuto será elaborado por una asamblea compuesta por los miembros de la Diputación u órgano interinsular de las provincias afectadas y por los Diputados y Senadores elegidos en ellas y será elevado a las Cortes Generales para su tramitación como ley.

147. 1. Dentro de los términos de la presente Constitución, los Estatutos serán la norma institucional básica de cada Comunidad Autónoma y el Estado los reconocerá y amparará como parte integrante de su ordenamiento jurídico.

2. Los Estatutos de autonomía deberán contener:

a) La denominación de la Comunidad que mejor corresponda a su identidad histórica.

b) La delimitación de su territorio.

c) La denominación, organización y sede de las instituciones autónomas propias.

d) Las competencias asumidas dentro del marco establecido en la Constitución y las bases para el traspaso de los servicios correspondientes a las mismas.

3. La reforma de los Estatutos se ajustará al procedimiento establecido en los mismos y requerirá, en todo caso, la aprobación por las Cortes Generales, mediante ley orgánica.

148. 1. Las Comunidades Autónomas podrán asumir competencias en las siguientes materias:

1.ª Organización de sus instituciones de autogobierno.

2.ª Las alteraciones de los términos municipales comprendidos en su territorio y, en general, las funciones que correspondan a la Administración del Estado sobre las Corporaciones locales y cuya transferencia autorice la legislación sobre Régimen Local.

3.ª Ordenación del territorio, urbanismo y vivienda.

4.ª Las obras públicas de interés de la Comunidad Autónoma en su propio territorio.

5.ª Los ferrocarriles y carreteras cuyo itinerario se desarrolle íntegramente en el territorio de la Comunidad Autónoma y, en los mismos términos, el transporte desarrollado por estos medios o por cable.

6.ª Los puertos de refugio, los puertos y aeropuertos deportivos y, en general, los que no desarrollen actividades comerciales.

7.ª La agricultura y ganadería, de acuerdo con la ordenación general de la economía.

8.ª Los montes y aprovechamientos forestales.

9.ª La gestión en materia de protección del medio ambiente.

10.ª Los proyectos, construcción y explotación de los aprovechamientos hidráulicos, canales y regadíos de interés de la Comunidad Autónoma; las aguas minerales y termales.

11.ª La pesca en aguas interiores, el marisqueo y la acuicultura, la caza y la pesca fluvial.

12.ª Ferias interiores.

13.ª El fomento del desarrollo económico de la Comunidad Autónoma dentro de los objetivos marcados por la política económica nacional.

14.ª La artesanía.

15.ª Museos, bibliotecas y conservatorios de música de interés para la Comunidad Autónoma.

16.ª Patrimonio monumental de interés de la Comunidad Autónoma.

17.ª El fomento de la cultura, de la investigación y, en su caso, de la enseñanza de la lengua de la Comunidad Autónoma.

18.ª Promoción y ordenación del turismo en su ámbito territorial.

19.ª Promoción del deporte y de la adecuada utilización del ocio.

20.ª Asistencia social.

21.ª Sanidad e higiene.

22.ª La vigilancia y protección de sus edificios e instalaciones. La coordinación y demás facultades en relación con las policías locales en los términos que establezca una ley orgánica.

2. Transcurridos cinco años, y mediante la reforma de sus Estatutos, las Comunidades Autónomas podrán ampliar sucesivamente sus competencias dentro del marco establecido en el artículo 149.

149. 1. El Estado tiene competencia exclusiva sobre las siguientes materias:

1.ª La regulación de las condiciones básicas que garanticen la igualdad de todos los españoles en el ejercicio de los derechos y en el cumplimiento de los deberes constitucionales.

2.ª Nacionalidad, inmigración, emigración, extranjería y derecho de asilo.

3.ª Relaciones internacionales.

4.ª Defensa y Fuerzas Armadas.

5.ª Administración de Justicia.

6.ª Legislación mercantil, penal y penitenciaria; legislación procesal, sin perjuicio de las necesarias especialidades

que en este orden se deriven de las particularidades del derecho sustantivo de las Comunidades Autónomas.

7.ª Legislación laboral; sin perjuicio de su ejecución por los órganos de las Comunidades Autónomas.

8.ª Legislación civil; sin perjuicio de la conservación, modificación y desarrollo por las Comunidades Autónomas de los derechos civiles, forales o especiales, allí donde existan. En todo caso, las reglas relativas a la aplicación y eficacia de las normas jurídicas, relaciones jurídico-civiles relativas a las formas de matrimonio, ordenación de los registros e instrumentos públicos, bases de las obligaciones contractuales, normas para resolver los conflictos de leyes y determinación de las fuentes del Derecho, con respeto, en este último caso, a las normas de derecho foral o especial.

9.ª Legislación sobre propiedad intelectual e industrial.

10.ª Régimen aduanero y arancelario; comercio exterior.

11.ª Sistema monetario: divisas, cambio y convertibilidad; bases de la ordenación de crédito, banca y seguros.

12.ª Legislación sobre pesas y medidas, determinación de la hora oficial.

13.ª Bases y coordinación de la planificación general de la actividad económica.

14.ª Hacienda general y Deuda del Estado.

15.ª Fomento y coordinación general de la investigación científica y técnica.

16.ª Sanidad exterior. Bases y coordinación general de la sanidad. Legislación sobre productos farmacéuticos.

17.ª Legislación básica y régimen económico de la Seguridad Social, sin perjuicio de la ejecución de sus servicios por las Comunidades Autónomas.

18.ª Las bases del régimen jurídico de las Administraciones públicas y del régimen estatutario de sus funcionarios que, en todo caso, garantizarán a los administrados un tratamiento común ante ellas; el procedimiento administrativo común, sin perjuicio de las especialidades derivadas de la organización propia de las Comunidades Autónomas; legislación sobre expropiación forzosa; legislación básica sobre contratos y concesiones administrativas y el sistema de responsabilidad de todas las Administraciones públicas.

19.ª Pesca marítima, sin perjuicio de las competencias que en la ordenación del sector se atribuyan a las Comunidades Autónomas.

20.ª Marina mercante y abanderamiento de buques; iluminación de costas y señales marítimas; puertos de interés general; aeropuertos de interés general; control del espacio aéreo, tránsito y transporte aéreo, servicio meteorológico y matriculación de aeronaves.

21.ª Ferrocarriles y transportes terrestres que transcurran por el territorio de más de una Comunidad Autónoma; régimen general de comunicaciones; tráfico y circulación de vehículos a motor; correos y telecomunicaciones; cables aéreos, submarinos y radiocomunicación.

22.ª La legislación, ordenación y concesión de recursos y aprovechamientos hidráulicos cuando las aguas discurran por más de una Comunidad Autónoma, y la autorización de las instalaciones eléctricas cuando su aprovechamiento afecte a otra Comunidad o el transporte de energía salga de su ámbito territorial.

23.ª Legislación básica sobre protección del medio ambiente, sin perjuicio de las facultades de las Comunidades Autónomas de establecer normas adicionales de protección. La legislación básica sobre montes, aprovechamientos forestales y vías pecuarias.

24.ª Obras públicas de interés general o cuya realización afecte a más de una Comunidad Autónoma.

25.ª Bases del régimen minero y energético.

26.ª Régimen de producción, comercio, tenencia y uso de armas y explosivos.

27.ª Normas básicas del régimen de prensa, radio y televisión y, en general, de todos los medios de comunicación social, sin perjuicio de las facultades que en su desarrollo y ejecución correspondan a las Comunidades Autónomas.

28.ª Defensa del patrimonio cultural, artístico y monumental español contra la exportación y la expoliación; museos, bibliotecas y archivos de titularidad estatal, sin perjuicio de su gestión por parte de las Comunidades Autónomas.

29.ª Seguridad pública, sin perjuicio de la posibilidad de creación de policías por las Comunidades Autónomas en la

forma que se establezca en los respectivos Estatutos en el marco de lo que disponga una ley orgánica.

30.ª Regulación de las condiciones de obtención, expedición y homologación de títulos académicos y profesionales y normas básicas para el desarrollo del artículo 27 de la Constitución, a fin de garantizar el cumplimiento de las obligaciones de los poderes públicos en esta materia.

31.ª Estadística para fines estatales.

32.ª Autorización para la convocatoria de consultas populares por vía de referéndum.

2. Sin perjuicio de las competencias que podrán asumir las Comunidades Autónomas, el Estado considerará el servicio de la cultura como deber y atribución esencial y facilitará la comunicación cultural entre las Comunidades Autónomas, de acuerdo con ellas.

3. Las materias no atribuidas expresamente al Estado por esta Constitución podrán corresponder a las Comunidades Autónomas, en virtud de sus respectivos Estatutos. La competencia sobre las materias que no se hayan asumido por los Estatutos de Autonomía corresponderá al Estado, cuyas normas prevalecerán, en caso de conflicto, sobre las de las Comunidades Autónomas en todo lo que no esté atribuido a la exclusiva competencia de éstas. El derecho estatal será, en todo caso, supletorio del derecho de las Comunidades Autónomas.

150. 1. Las Cortes Generales, en materias de competencia estatal, podrán atribuir a todas o a alguna de las Comunidades Autónomas la facultad de dictar, para sí mismas, normas legislativas en el marco de los principios, bases y directrices fijados por una ley estatal. Sin perjuicio de la competencia de los Tribunales, en cada ley marco se establecerá la modalidad del control de las Cortes Generales sobre estas normas legislativas de las Comunidades Autónomas.

2. El Estado podrá transferir o delegar en las Comunidades Autónomas, mediante ley orgánica, facultades correspondientes a materia de titularidad estatal que por su propia naturaleza sean susceptibles de transferencia o delegación. La ley preverá en cada caso la correspondiente transferencia

de medios financieros, así como las formas de control que se reserve el Estado.

3. El Estado podrá dictar leyes que establezcan los principios necesarios para armonizar las disposiciones normativas de las Comunidades Autónomas, aun en el caso de materias atribuidas a la competencia de éstas, cuando así lo exija el interés general. Corresponde a las Cortes Generales, por mayoría absoluta de cada Cámara, la apreciación de esta necesidad.

151. 1. No será preciso dejar transcurrir el plazo de cinco años, a que se refiere el apartado 2 del artículo 148, cuando la iniciativa del proceso autonómico sea acordada dentro del plazo del artículo 143.2, además de por las Diputaciones o los órganos interinsulares correspondientes, por las tres cuartas partes de los municipios de cada una de las provincias afectadas que representen, al menos, la mayoría del censo electoral de cada una de ellas y dicha iniciativa sea ratificada mediante referéndum por el voto afirmativo de la mayoría absoluta de los electores de cada provincia en los términos que establezca una ley orgánica.

2. En el supuesto previsto en el apartado anterior, el procedimiento para la elaboración del Estatuto será el siguiente:

1.º El Gobierno convocará a todos los Diputados y Senadores elegidos en las circunscripciones comprendidas en el ámbito territorial que pretenda acceder al autogobierno, para que se constituyan en Asamblea, a los solos efectos de elaborar el correspondiente proyecto de Estatuto de autonomía, mediante el acuerdo de la mayoría absoluta de sus miembros.

2.º Aprobado el proyecto de Estatuto por la Asamblea de Parlamentarios, se remitirá a la Comisión Constitucional del Congreso, la cual, dentro del plazo de dos meses, lo examinará con el concurso y asistencia de una delegación de la Asamblea proponente para determinar de común acuerdo su formulación definitiva.

3.º Si se alcanzare dicho acuerdo, el texto resultante será sometido a referéndum del cuerpo electoral de las provincias comprendidas en el ámbito territorial del proyectado Estatuto.

4.º Si el proyecto de Estatuto es aprobado en cada provincia por la mayoría de los votos válidamente emitidos,

será elevado a las Cortes Generales. Los Plenos de ambas Cámaras decidirán sobre el texto mediante un voto de ratificación. Aprobado el Estatuto, el Rey lo sancionará y lo promulgará como ley.

5.º De no alcanzarse el acuerdo a que se refiere el apartado 2.º de este número, el proyecto de Estatuto será tramitado como proyecto de ley ante las Cortes Generales. El texto aprobado por éstas será sometido a referéndum del cuerpo electoral de las provincias comprendidas en el ámbito territorial del proyectado Estatuto. En caso de ser aprobado por la mayoría de los votos válidamente emitidos en cada provincia, procederá su promulgación en los términos del párrafo anterior.

3. En los casos de los párrafos 4.º y 5.º del apartado anterior, la no aprobación del proyecto de Estatuto por una o varias provincias no impedirá la constitución entre las restantes de la Comunidad Autónoma proyectada, en la forma que establezca la ley orgánica prevista en el apartado 1 de este artículo.

152. 1. En los Estatutos aprobados por el procedimiento a que se refiere el artículo anterior, la organización institucional autonómica se basará en una Asamblea Legislativa, elegida por sufragio universal, con arreglo a un sistema de representación proporcional que asegure, además, la representación de las diversas zonas del territorio; un Consejo de Gobierno con funciones ejecutivas y administrativas y un Presidente, elegido por la Asamblea, de entre sus miembros, y nombrado por el Rey, al que corresponde la dirección del Consejo de Gobierno, la suprema representación de la respectiva Comunidad y la ordinaria del Estado en aquélla. El Presidente y los miembros del Consejo de Gobierno serán políticamente responsables ante la Asamblea.

Un Tribunal Superior de Justicia, sin perjuicio de la jurisdicción que corresponde al Tribunal Supremo, culminará la organización judicial en el ámbito territorial de la Comunidad Autónoma. En los Estatutos de las Comunidades Autónomas podrán establecerse los supuestos y las formas de participación de aquéllas en la organización de las demarcaciones judiciales del territorio. Todo ello de conformidad con lo pre-

visto en la ley orgánica del poder judicial y dentro de la unidad e independencia de éste.

Sin perjuicio de lo dispuesto en el artículo 123, las sucesivas instancias procesales, en su caso, se agotarán ante órganos judiciales radicados en el mismo territorio de la Comunidad Autónoma en que esté el órgano competente en primera instancia.

2. Una vez sancionados y promulgados los respectivos Estatutos, solamente podrán ser modificados mediante los procedimientos en ellos establecidos y con referéndum entre los electores inscritos en los censos correspondientes.

3. Mediante la agrupación de municipios limítrofes, los Estatutos podrán establecer circunscripciones territoriales propias, que gozarán de plena personalidad jurídica.

153. El control de la actividad de los órganos de las Comunidades Autónomas se ejercerá:

a) Por el Tribunal Constitucional, el relativo a la constitucionalidad de sus disposiciones normativas con fuerza de ley.

b) Por el Gobierno, previo dictamen del Consejo de Estado, el del ejercicio de funciones delegadas a que se refiere el apartado 2 del artículo 150.

c) Por la jurisdicción contencioso-administrativa, el de la administración autónoma y sus normas reglamentarias.

d) Por el Tribunal de Cuentas, el económico y presupuestario.

154. Un Delegado nombrado por el Gobierno dirigirá la Administración del Estado en el territorio de la Comunidad Autónoma y la coordinará, cuando proceda, con la administración propia de la Comunidad.

155. 1. Si una Comunidad Autónoma no cumpliere las obligaciones que la Constitución u otras leyes le impongan, o actuare de forma que atente gravemente al interés general de España, el Gobierno, previo requerimiento al Presidente de la Comunidad Autónoma y, en el caso de no ser atendido, con la aprobación por mayoría absoluta del Senado, podrá adoptar las medidas necesarias para obligar a aquélla al cumplimiento

forzoso de dichas obligaciones o para la protección del mencionado interés general.

2. Para la ejecución de las medidas previstas en el apartado anterior, el Gobierno podrá dar instrucciones a todas las autoridades de las Comunidades Autónomas.

156. 1. Las Comunidades Autónomas gozarán de autonomía financiera para el desarrollo y ejecución de sus competencias con arreglo a los principios de coordinación con la Hacienda estatal y de solidaridad entre todos los españoles.

2. Las Comunidades Autónomas podrán actuar como delegados o colaboradores del Estado para la recaudación, la gestión y la liquidación de los recursos tributarios de aquél, de acuerdo con las leyes y los Estatutos.

157. 1. Los recursos de las Comunidades Autónomas estarán constituidos por:

a) Impuestos cedidos total o parcialmente por el Estado; recargos sobre impuestos estatales y otras participaciones en los ingresos del Estado.

b) Sus propios impuestos, tasas y contribuciones especiales.

c) Transferencias de un Fondo de Compensación Interterritorial y otras asignaciones con cargo a los Presupuestos Generales del Estado.

d) Rendimientos procedentes de su patrimonio e ingresos de derecho privado.

e) El producto de las operaciones de crédito.

2. Las Comunidades Autónomas no podrán en ningún caso adoptar medidas tributarias sobre bienes situados fuera de su territorio o que supongan obstáculo para la libre circulación de mercancías o servicios.

3. Mediante ley orgánica podrá regularse el ejercicio de las competencias financieras enumeradas en el precedente apartado 1, las normas para resolver los conflictos que pudieran surgir y las posibles formas de colaboración financiera entre las Comunidades Autónomas y el Estado.

158. 1. En los Presupuestos Generales del Estado podrá establecerse una asignación a las Comunidades Autónomas en función del volumen de los servicios y actividades es-

tatales que hayan asumido y de la garantía de un nivel mínimo en la prestación de los servicios públicos fundamentales en todo el territorio español.

2. Con el fin de corregir desequilibrios económicos interterritoriales y hacer efectivo el principio de solidaridad, se constituirá un Fondo de Compensación con destino a gastos de inversión, cuyos recursos serán distribuidos por las Cortes Generales entre las Comunidades Autónomas y provincias, en su caso.

TÍTULO IX

Del Tribunal Constitucional

159. 1. El Tribunal Constitucional se compone de 12 miembros nombrados por el Rey; de ellos, cuatro a propuesta del Congreso por mayoría de tres quintos de sus miembros; cuatro a propuesta del Senado, con idéntica mayoría; dos a propuesta del Gobierno, y dos a propuesta del Consejo General del Poder Judicial.

2. Los miembros del Tribunal Constitucional deberán ser nombrados entre Magistrados y Fiscales, Profesores de Universidad, funcionarios públicos y Abogados, todos ellos juristas de reconocida competencia con más de quince años de ejercicio profesional.

3. Los miembros del Tribunal Constitucional serán designados por un período de nueve años y se renovarán por terceras partes cada tres.

4. La condición de miembro del Tribunal Constitucional es incompatible: con todo mandato representativo; con los cargos políticos o administrativos; con el desempeño de funciones directivas en un partido político o en un sindicato y con el empleo al servicio de los mismos; con el ejercicio de las carreras judicial y fiscal, y con cualquier actividad profesional o mercantil.

En lo demás, los miembros del Tribunal Constitucional tendrán las incompatibilidades propias de los miembros del poder judicial.

5. Los miembros del Tribunal Constitucional serán independientes e inamovibles en el ejercicio de su mandato.

160. El Presidente del Tribunal Constitucional será nombrado entre sus miembros por el Rey, a propuesta del mismo Tribunal en pleno y por un período de tres años.

161. 1. El Tribunal Constitucional tiene jurisdicción en todo el territorio español y es competente para conocer:

a) Del recurso de inconstitucionalidad contra leyes y disposiciones normativas con fuerza de ley. La declaración de inconstitucionalidad de una norma jurídica con rango de ley, interpretada por la jurisprudencia, afectará a ésta, si bien la sentencia o sentencias recaídas no perderán el valor de cosa juzgada.

b) Del recurso de amparo por violación de los derechos y libertades referidos en el artículo 53.2 de esta Constitución, en los casos y formas que la ley establezca.

c) De los conflictos de competencia entre el Estado y las Comunidades Autónomas o de los de éstas entre sí.

d) De las demás materias que le atribuyan la Constitución o las leyes orgánicas.

2. El Gobierno podrá impugnar ante el Tribunal Constitucional las disposiciones y resoluciones adoptadas por los órganos de las Comunidades Autónomas. La impugnación producirá la suspensión de la disposición o resolución recurrida, pero el Tribunal, en su caso, deberá ratificarla o levantarla en un plazo no superior a cinco meses.

162. 1. Están legitimados:

a) Para interponer el recurso de inconstitucionalidad, el Presidente del Gobierno, el Defensor del Pueblo, 50 Diputados, 50 Senadores, los órganos colegiados ejecutivos de las Comunidades Autónomas y, en su caso, las Asambleas de las mismas.

b) Para interponer el recurso de amparo, toda persona natural o jurídica que invoque un interés legítimo, así como el Defensor del Pueblo y el Ministerio Fiscal.

2. En los demás casos, la ley orgánica determinará las personas y órganos legitimados.

163. Cuando un órgano judicial considere, en algún proceso, que una norma con rango de ley, aplicable al caso, de

cuya validez dependa el fallo, pueda ser contraria a la Constitución, planteará la cuestión ante el Tribunal Constitucional en los supuestos, en la forma y con los efectos que establezca la ley, que en ningún caso serán suspensivos.

164. 1. Las sentencias del Tribunal Constitucional se publicarán en el boletín oficial del Estado con los votos particulares, si los hubiere. Tienen el valor de cosa juzgada a partir del día siguiente de su publicación y no cabe recurso alguno contra ellas. Las que declaren la inconstitucionalidad de una ley o de una norma con fuerza de ley y todas las que no se limiten a la estimación subjetiva de un derecho, tienen plenos efectos frente a todos.

2. Salvo que en el fallo se disponga otra cosa, subsistirá la vigencia de la ley en la parte no afectada por la inconstitucionalidad.

165. Una ley orgánica regulará el funcionamiento del Tribunal Constitucional, el estatuto de sus miembros, el procedimiento ante el mismo y las condiciones para el ejercicio de las acciones.

TÍTULO X
De la reforma constitucional

166. La iniciativa de reforma constitucional se ejercerá en los términos previstos en los apartados 1 y 2 del artículo 87.

167. 1. Los proyectos de reforma constitucional deberán ser aprobados por una mayoría de tres quintos de cada una de las Cámaras. Si no hubiera acuerdo entre ambas, se intentará obtenerlo mediante la creación de una Comisión de composición paritaria de Diputados y Senadores, que presentará un texto que será votado por el Congreso y el Senado.

2. De no lograrse la aprobación mediante el procedimiento del apartado anterior, y siempre que el texto hubiere obtenido el voto favorable de la mayoría absoluta del Senado, el Congreso, por mayoría de dos tercios, podrá aprobar la reforma.

3. Aprobada la reforma por las Cortes Generales, será sometida a referéndum para su ratificación cuando así lo solici-

ten, dentro de los quince días siguientes a su aprobación, una décima parte de los miembros de cualquiera de las Cámaras.

168. 1. Cuando se propusiere la revisión total de la Constitución o una parcial que afecte al Título preliminar, al Capítulo segundo, Sección primera del Título I, o al Título II, se procederá a la aprobación del principio por mayoría de dos tercios de cada Cámara, y a la disolución inmediata de las Cortes.

2. Las Cámaras elegidas deberán ratificar la decisión y proceder al estudio del nuevo texto constitucional, que deberá ser aprobado por mayoría de dos tercios de ambas Cámaras.

3. Aprobada la reforma por las Cortes Generales, será sometida a referéndum para su ratificación.

169. No podrá iniciarse la reforma constitucional en tiempo de guerra o de vigencia de alguno de los estados previstos en el artículo 116.

DISPOSICIONES ADICIONALES

Primera. La Constitución ampara y respeta los derechos históricos de los territorios forales.

La actualización general de dicho régimen foral se llevará a cabo, en su caso, en el marco de la Constitución y de los Estatutos de Autonomía.

Segunda. La declaración de mayoría de edad contenida en el artículo 12 de esta Constitución no perjudica las situaciones amparadas por los derechos forales en el ámbito del Derecho privado.

Tercera. La modificación del régimen económico y fiscal del archipiélago canario requerirá informe previo de la Comunidad Autónoma o, en su caso, del órgano provisional autonómico.

Cuarta. En la Comunidades Autónomas donde tengan su sede más de una Audiencia Territorial, los Estatutos de Autonomía respectivos podrán mantener las existentes, distribuyendo las competencias entre ellas, siempre de confor-

midad con lo previsto en la ley orgánica del poder judicial y dentro de la unidad e independencia de éste.

DISPOSICIONES TRANSITORIAS

Primera. En los territorios dotados de un régimen provisional de autonomía, sus órganos colegiados superiores, mediante acuerdo adoptado por la mayoría absoluta de sus miembros, podrán sustituir la iniciativa que el apartado 2 del artículo 143 atribuye a las Diputaciones Provinciales o a los órganos interinsulares correspondientes.

Segunda. Los territorios que en el pasado hubiesen plebiscitado afirmativamente proyectos del Estatuto de autonomía y cuenten, al tiempo de promulgarse esta Constitución, con regímenes provisionales de autonomía podrán proceder inmediatamente en la forma que se prevé en el apartado 2 del artículo 148, cuando así lo acordaren, por mayoría absoluta, sus órganos preautonómicos colegiados superiores, comunicándolo al Gobierno. El proyecto de Estatuto será elaborado de acuerdo con lo establecido en el artículo 151, número 2, a convocatoria del órgano colegiado preautonómico.

Tercera. La iniciativa del proceso autonómico por parte de las Corporaciones locales o de sus miembros, prevista en el apartado 2 del artículo 143, se entiende diferida, con todos sus efectos, hasta la celebración de las primeras elecciones locales una vez vigente la Constitución.

Cuarta. 1. En el caso de Navarra, y a efectos de su incorporación al Consejo General Vasco o al régimen autonómico vasco que le sustituya, en lugar de lo que establece el artículo 143 de la Constitución, la iniciativa corresponde al Órgano Foral competente, el cual adoptará su decisión por mayoría de los miembros que lo componen. Para la validez de dicha iniciativa será preciso, además, que la decisión del Órgano Foral competente sea ratificada por referéndum expresamente convocado al efecto, y aprobado por mayoría de los votos válidos emitidos.

2. Si la iniciativa no prosperase, solamente se podrá reproducir la misma en distinto período del mandato del Órga-

no Foral competente, y en todo caso, cuando haya transcurrido el plazo mínimo que establece el artículo 143.

Quinta. Las ciudades de Ceuta y Melilla podrán constituirse en Comunidades Autónomas si así lo deciden sus respectivos Ayuntamientos, mediante acuerdo adoptado por la mayoría absoluta de sus miembros y así lo autorizan las Cortes Generales, mediante una ley orgánica, en los términos previstos en el artículo 144.

Sexta. Cuando se remitieran a la Comisión Constitucional del Congreso varios proyectos de Estatuto, se dictaminarán por el orden de entrada en aquélla, y el plazo de dos meses a que se refiere el artículo 151 empezará a contar desde que la Comisión termine el estudio del proyecto o proyectos de que sucesivamente haya conocido.

Séptima. Los organismos provisionales autonómicos se considerarán disueltos en los siguientes casos:

a) Una vez constituidos los órganos que establezcan los Estatutos de Autonomía aprobados conforme a esta Constitución.

b) En el supuesto de que la iniciativa del proceso autonómico no llegara a prosperar por no cumplir los requisitos previstos en el artículo 143.

c) Si el organismo no hubiera ejercido el derecho que le reconoce la disposición transitoria primera en el plazo de tres años.

Octava. 1. Las Cámaras que han aprobado la presente Constitución asumirán, tras la entrada en vigor de la misma, las funciones y competencias que en ella se señalan, respectivamente, para el Congreso y el Senado, sin que en ningún caso su mandato se extienda más allá del 15 de junio de 1981.

2. A los efectos de lo establecido en el artículo 99, la promulgación de la Constitución se considerará como supuesto constitucional en el que procede su aplicación. A tal efecto, a partir de la citada promulgación se abrirá un período de treinta días para la aplicación de lo dispuesto en dicho artículo.

Durante este período, el actual Presidente del Gobierno, que asumirá las funciones y competencias que para dicho cargo establece la Constitución, podrá optar por utilizar la facul-

tad que le reconoce el artículo 115 o dar paso, mediante la dimisión, a la aplicación de lo establecido en el artículo 99, quedando en este último caso en la situación prevista en el apartado 2 del artículo 101.

3. En caso de disolución, de acuerdo con lo previsto en el artículo 115, y si no se hubiera desarrollado legalmente lo previsto en los artículos 68 y 69, serán de aplicación en las elecciones las normas vigentes con anterioridad, con las solas excepciones de que en lo referente a inelegibilidades e incompatibilidades se aplicará directamente lo previsto en el inciso segundo de la letra *b)* del apartado 1 del artículo 70 de la Constitución, así como lo dispuesto en la misma respecto a la edad para el voto y lo establecido en el artículo 69.3.

Novena. A los tres años de la elección por vez primera de los miembros del Tribunal Constitucional se procederá por sorteo para la designación de un grupo de cuatro miembros de la misma procedencia electiva que haya de cesar y renovarse. A estos solos efectos se entenderán agrupados como miembros de la misma procedencia a los dos designados a propuesta del Gobierno y a los dos que proceden de la formulada por el Consejo General del Poder Judicial. Del mismo modo se procederá transcurridos otros tres años entre los dos grupos no afectados por el sorteo anterior. A partir de entonces se estará a lo establecido en el número 3 del artículo 159.

DISPOSICIÓN DEROGATORIA

1. Queda derogada la Ley 1/1977, de 4 de enero, para la Reforma Política, así como, en tanto en cuanto no estuvieran ya derogadas por la anteriormente mencionada Ley, la de Principios del Movimiento Nacional, de 17 de mayo de 1958; el Fuero de los Españoles, de 17 de julio de 1945; el del Trabajo, de 9 de marzo de 1938; la Ley Constitutiva de las Cortes, de 17 de julio de 1942; la Ley de Sucesión en la Jefatura del Estado, de 26 de julio de 1947, todas ellas modificadas por la Ley Orgánica del Estado, de 10 de enero de 1967, y en los mismos términos esta última y la de Referéndum Nacional de 22 de octubre de 1945.

2. En tanto en cuanto pudiera conservar alguna vigencia, se considera definitivamente derogada la Ley de 25 de octu-

bre de 1839 en lo que pudiera afectar a las provincias de Álava, Guipúzcoa y Vizcaya.

En los mismos términos se considera definitivamente derogada la Ley de 21 de julio de 1876.

3. Asimismo quedan derogadas cuantas disposiciones se opongan a lo establecido en esta Constitución.

DISPOSICIÓN FINAL

Esta Constitución entrará en vigor el mismo día de la publicación de su texto oficial en el boletín oficial del Estado. Se publicará también en las demás lenguas de España.

Por tanto, mando a todos los españoles, particulares y autoridades, que guarden y hagan guardar esta Constitución como norma fundamental del Estado.

Palacio de las Cortes, a veintisiete de diciembre de mil novecientos setenta y ocho.

EL PRESIDENTE DE LAS CORTES,
Antonio Hernández Gil

JUAN CARLOS

EL PRESIDENTE DEL CONGRESO DE LOS DIPUTADOS,
Fernando Álvarez de Miranda y Torres

EL PRESIDENTE DEL SENADO,
Antonio Fontán Pérez

ÍNDICE DE CONCEPTOS

A

Abanderamiento de buques, artículo 149.1.20.ª

Abogado

(Véanse *Abogados, Letrado.*)
Detenido, asistencia al, artículo 17.3.
Letrado, asistencia de, art. 24.2.

Abogados

(Véanse *Abogado, Letrado.*)
Consejo General del Poder Judicial, miembros del art. 122.3.
Tribunal Constitucional, miembros del, art. 159.2.

Abolición de la pena de muerte, art. 15.
Tiempos de guerra, excepción en, art. 15.

Acceso

Archivos y registros administrativos, de los ciudadanos a los, art. 105.*b).*
Autogobierno, al, art. 143.1.
Autonomía, a la
(Véase *Proceso autonómico.*)
Cultura, a la, art. 44.1.
Función pública, a la, arts. 23.2 y 103.3.
Funciones y cargos públicos, a, art. 23.2.
Medios de comunicación social, a los, art. 20.3.
Propiedad de los medios de producción, a la, art. 129.2.
Sesiones de las Cámaras, a las, y a sus Comisiones, art. 110.2.

Acción

(Véase *Acciones.*)
Gobierno, del, arts. 66.2 y 98.2.
Justicia, de la, art. 124.1.
Popular, art. 125.
Urbanística de los entes públicos, art. 47.

Acciones

(Véase *Acción.*)
Condena o sanción, art. 25.1.
Ministerio Fiscal, del, art. 76.1.
Tribunal Constitucional, ante el, art. 165.

Acreditación

Embajadores, de, art. 63.1.
Firmas, de; iniciativa popular, art. 87.3.
Insuficiencia de recursos, de, art. 119.

Actas

Acumulación, de, y Credenciales, arts. 67.1 y 70.2.
Parlamentarios, de, art. 70.2.

Actividad

(Véanse *Actividades, Actos, Economía de mercado, Libertad de empresa.*)
Administración, y Alto Comisionado, de la, art. 54.
Económica; Comunidades Autónomas, de las, art. 153.*d).*
(Véanse *Economía de mercado, Iniciativa pública en la actividad económica, Libertad de empresa, Planificación, Sectores económicos.*)
Mercantil, arts. 98.8 y 159.4.
Organismos públicos, de los, art. 129.1.
Órganos de las Comunidades Autónomas, de los, art. 153.
Partidos políticos, de los, art. 6.
Presupuestaria de las Comunidades Autónomas, art. 153.*d).*
Profesional; Gobierno, por los miembros del, arts. 98.3 y 159.4.

Actividades
(Véanse *Actividad, Actos.*)
Asociaciones, de las, art. 22.4.
Estatales asumidas por las Comunidades Autónomas, asignación de los Presupuestos Generales del Estado, art. 158.1.
Sindicatos de trabajadores y asociaciones de empresarios, de los, art. 7.

Actos
(Véanse *Actividad, Actividades.*)
Administrativos, art. 105.*c)*.
Comunidades Autónomas, de las, art. 4.2.
Rey, del, arts. 56.3, 64.1 y 64.2.
Terrorismo, de, art. 13.3.

Actuación
Económica; pensiones de los ciudadanos de la tercera edad, de las, art. 50.
Serán públicas, con las excepciones que prevean las leyes de procedimiento, art. 120.1.

Actualización
Régimen foral, general del, disposición adicional 1.ª

Acuerdo
(Véase *Acuerdos.*)
Asamblea de Diputados y Senadores y proyecto de Estatuto, art. 151.2.1.º
Ayuntamientos de Ceuta y Melilla, de los miembros de los, disposición transitoria 5.ª
Cámara, de cada, art. 80.
Cámaras para la reforma constitucional, de las, art. 167.1.
Comisión Constitucional del Congreso y la Asamblea de parlamentarios, de la, artículo 151.2.2.º y 3.º
Corporaciones locales, de las, art. 143.2.
Órganos colegiados superiores de los territorios con régimen provisional de autonomía, de los, disposición transitoria 1.ª
Órganos preautonómicos colegiados superiores e iniciativa del artículo 51.2, de los, disposición transitoria 2.ª

Acuerdos
(Véase *Acuerdo.*)
Cámaras, de las, art. 79.1.
Validez, art. 79.2.
Comunidades Autónomas, entre las, art. 145.2.
Internacionales, arts. 10.2 y 39.4.
(Véase *Tratados Internacionales.*)

Acuicultura, art. 148.1.11.ª

Acusación
Derecho de información, artículo 24.2.
Miembros del Gobierno, a los, art. 102.2.

Acusado, art. 24.2.

Administración
(Véanse *Personalidad jurídica, Administraciones Públicas, Administrados.*)
Autónoma, art. 153.*c)*.
Autónoma de las provincias, artículo 141.2.
Autonómica.
(Véase *Comunidades Autónomas.*)
Centros docentes, de los, artículo 27.7.
Circunscripciones territoriales propias, 152.3.
Civil, arts. 25.3, 26 y 97.
Comunidad, de la, art. 154.
Defensor del Pueblo, art. 54.
Estado, del, art. 70.1.*b)*.
Comunidad Autónoma, en la, art. 154.

Comunidades Autónomas, funciones que son competencia de las, art. 148.1.2.ª
Órganos, art. 103.2.
Justicia, de.
(Véanse *Acción popular, Funcionamiento anormal de la administración de justicia, Policía judicial, Presunción de inocencia, Procedimiento oral, Publicidad de las actuaciones judiciales.*)
Estado, competencia exclusiva del, art. 149.1.5.ª
Estatuto jurídico del personal, art. 122.1.
Funcionamiento anormal, artículo 121.
Gratuidad, art. 119.
Jurado, art. 125.
Rey, se administra en nombre del, art. 117.1.
Local.
(Véanse *Corporaciones locales, cap. II, tít. VIII, Haciendas locales, Municipios, Provincia.*)
Militar, art. 97.
Municipal, art. 140.
Patrimonio del Estado, del, artículo 132.3.
Patrimonio Nacional, del, artículo 132.3.
Propia, art. 141.4.
Pública, art. 106.
Estado, del, art. 148.1.18.ª
Ley y al derecho, sometimiento pleno a la, art. 103.1.
Objeto y principios inspiradores, art. 103.1.
Responsabilidad, art. 106.

Administraciones públicas

(Véanse *Administración, Administrados.*)
Bases de su régimen jurídico, art. 149.1.18.ª
Concesiones administrativas, artículo 149.1.18.ª
Contratos, art. 149.1.18.ª
Funcionarios públicos, art. 149.1.18.ª
Obligaciones financieras, artículo 133.4.
Procedimiento administrativo común, art. 149.1.18.ª
Responsabilidad, arts. 106 y 149.1.18.ª

Administrados, art. 149.1.18.ª

Aduanas

(Véase *Régimen aduanero.*)

Aeronaves, art. 149.1.20.ª

Aeropuertos, art. 148.1.6.ª
Deportivos, art. 148.1.6.ª
Interés general, de, art. 149.1.20.ª

Agentes del Gobierno

Responsabilidad, art. 116.6.

Agricultura, art. 148.1.7.ª
Modernización y desarrollo, artículo 130.1.

Agrupación

Islas, de, art. 69.3.
Municipios, de, art. 141.1.
Municipios limítrofes, de, artículo 152.3.

Agrupaciones de municipios diferentes a las provincias, artículo 141.3.

Aguas, art. 149.1.22.ª
Interiores, art. 148.1.11.ª
Minerales, art. 148.1.10.ª
Termales, art. 148.1.10.ª

Álava

Derogación de la Ley de 25 de octubre de 1839, disposición derogatoria 2.ª

Alcaldes
Elección, art. 140.

Alta representación del Estado español
Rey, el, art. 56.1.

Alto
Comisionado de las Cortes Generales, art. 54.
Patronazgo de las Reales Academias, art. 62.*j)*.

Altos cargos de la Administración del Estado, art. 70.1.*b)*.

Alumnos, art. 27.7.

Ambiente
(Véase *Medio ambiente.*)

Ámbito
Administración civil, de la, art. 26.
Castrense, art. 117.5.
Derecho privado, del, disposición adicional 2.ª
Normativo, art. 82.5.
Organizaciones profesionales, de las, art. 26.
Territorial: de la Comunidad Autónoma, organización judicial, art. 152.1.
Estado de alarma, del, artículo 116.2.
Estado de excepción, del, artículo 116.3.
Estado de sitio, del, art. 116.4.
Proyecto de Estatuto de Autonomía, art. 151.2.3.º
Superior a la provincia, no, art. 144.*a)*.
Transporte de energía, el, artículo 149.1.22.ª
Turismo, art. 148.1.18.ª

Amparo
(Véase *Recurso de amparo.*)

Ancianidad
(Véase *Tercera edad.*)

Anormalidad en el funcionamiento de la justicia, artículo 121.

Anualidad de los Presupuestos Generales del Estado, artículo 134.2.

Apátridas, art. 13.4.

Aplicación de las normas jurídicas, art. 149.1.8.ª

Aprovechamientos
Forestales, art. 148.1.8.ª
Hidráulicos, aguas que discurren por más de una Comunidad Autónoma, art. 149.1.22.ª
Interés para la Comunidad Autónoma, de, art. 148.1.10.ª
Legislación básica, art. 149.1.23.ª

Aranceles
(Véase *Régimen arancelario.*)

Arbitrariedad de los poderes públicos, art. 9.3.

Archipiélago canario, disposición adicional 3.ª

Archipiélagos, art. 141.4.

Archivos
Administrativos, art. 105.*b)*.
Titularidad estatal, de, art. 149.1.28.ª

Armada, art. 8.1.
(Véase *Fuerzas Armadas.*)

Armas, art. 149.1.26.ª
(Véase *Derecho de reunión pacífica y sin armas.*)

Armonización
Desarrollo regional y sectorial, del, art. 131.1.
Disposiciones normativas de las Comunidades Autónomas, de, art. 150.3.
Textos legales, de, art. 82.5.

Arte
(Véase *Derecho a la creación artística.*)

Artesanía
Comunidades Autónomas, las, art. 148.1.14.ª
Modernización y desarrollo, artículo 130.1.

Articulación de textos
(Véanse *Decretos legislativos, Legislación delegada, Textos articulados.*)

Asamblea
(Véase *Asambleas.*)
Diputados y Senadores, de, artículo 151.2.1.ª
Elaboración del proyecto de Estatuto, para la, art. 146.
Legislativa de las Comunidades Autónomas, art. 152.1.
Parlamentarios, de, art. 151.2.2.º

Asambleas de las Comunidades Autónomas
Recurso de inconstitucionalidad, art. 162.1.*a).*

Ascendientes directos del Rey, art. 60.1.

Aseguramiento del delincuente, art. 126.

Asilo
Derecho de asilo, arts. 13.4 y 149.1.2.ª

Asistencia
De letrado al detenido, artículo 17.3.
(Véase *Derecho a defensa y asistencia de letrado.*)
Padres, a los hijos de los, artículo 39.3.
Social, art. 148.1.20.ª
(Véase *Seguridad Social.*)

Asociación
(Véanse *Asociaciones, Organizaciones, Partidos políticos, Sindicatos.*)
Derecho de asociación, art. 22.1.
Jueces, Magistrados y Fiscales, de, art. 127.1.

Asociaciones, art. 22.
(Véanse *Asociación, Organizaciones, Partidos Políticos, Sindicatos.*)

Asturias
Príncipe de Asturias, art. 57.2.

Atentado grave
(Véase *Atentados.*)
Al interés general de España, Comunidad Autónoma, art. 155.1.

Atentados
Contra el patrimonio histórico, cultural y artístico de España, art. 46.

Audiencia
Ciudadanos, de los, art. 105.*a).*
Interesado, al, art. 105.*c).*
Organizaciones de consumidores, a las, art. 51.2.
Pública, art. 120.3.
Territorial, disposición adicional 4.ª

Autogobierno
Asamblea de Parlamentarios, art. 151.2.1.º

Organización de sus instituciones, art. 148.1.1.ª
Provincia o provincias, de, artículo 143.1.

Autonomía
(Véanse *Comunidades Autónomas, Estatuto de Autonomía, Municipios, Provincias, Universidades.*)
Del municipio, la provincia y las Comunidades Autónomas, artículo 137.
Derecho, arts. 2 y 143.1.
Financiera de las Comunidades Autónomas, art. 156.1.
Municipios, de los, art. 140.
Régimen provisional, disposición transitoria 1.ª
Regímenes provisionales, disposición transitoria 2.ª
Universidades, de las, art. 27.10.

Autoridades
Comunidades Autónomas, de las, art. 155.2.
Distintas del Gobierno, artículo 82.3.
Estado y de las Comunidades Autónomas, del, art. 109.

Ayuntamientos
(Véanse *Administración Local, Corporaciones Locales, Elecciones Locales, Municipios.*)
Ceuta y Melilla, de, disposición transitoria 5.ª

Gobierno y la Administración de los Municipios, art. 140.

B

Baleares
(Véanse *Mallorca, Menorca, Formentera, Ibiza.*)

Banca, art. 149.1.11.ª

Bandas armadas, art. 55.2.

Bandera de España, art. 4.
(Véase *Banderas.*)

Banderas de las Comunidades Autónomas, art. 4.2.

Bases
Obligaciones contractuales, de las, art. 149.1.8.ª
Ordenación del crédito, banca y seguros, de las, art. 149.1.11.ª
Organización militar, de la, artículo 8.2.
Planificación general de la actividad económica, de la, artículo 149.1.13.ª
Régimen energético, del, artículo 149.1.25.ª
Régimen jurídico de las administraciones públicas, del, artículo 149.1.18.ª
Régimen minero, del, art. 149.1.25.ª
Sanidad, de la, art. 149.1.16.ª
Traspaso de los servicios correspondientes a las competencias asumidas, para el, artículo 147.2.*d).*

Beneficio
(Véase *Beneficios,*)
Fiscal, art. 133.3.
Interés general, del, art. 44.2.

Beneficios
(Véase *Beneficio.*)
Fiscales, art. 134.2.
Seguridad Social, de la, art. 25.2.

Bibliotecas
Comunidad Autónoma, de interés para la, art. 148.1.15.ª
Titularidad estatal, de, art. 149.1.28.ª

Bienes
Circulación en todo el territorio español, derecho de libre, artículo 139.2.
Comunales, art. 132.1.
Derechos, y, art. 106.2.
Dominio público, de, art. 132.1.
(Véase *Dominio público.*)
Dominio público estatal, de, artículo 132.2.
Particulares, de los, art. 106.2.
Patrimonio histórico, cultural y artístico de los pueblos de España, que integran el, art. 46.
Peligro para los bienes, art. 21.2.
Privación de bienes y derechos, art. 33.3.
Situados fuera del territorio de las Comunidades Autónomas, art. 157.2.

Bienestar
General, art. 129.1.
Tercera edad, art. 50.

Boletín Oficial del Estado
Constitución, disposición final.
Sentencias del Tribunal Constitucional, art. 164.1.

Buques, art. 149.1.20.ª

C

Cabildo, art. 69.3.
(Véase *Cabildos o Consejos.*)

Cabildos o Consejos, art. 141.4.

Cables aéreos y submarinos, artículo 149.1.21.ª

Calamidad pública, art. 30.4.

Calidad de vida
Asegurada, preámbulo.
Organismos públicos, art. 45.2.
Protección de la, art. 45.2.

Cámaras
(Véanse *Congreso, Cortes Generales, Senado.*)
Acuerdos, art. 79.1.
Asignación a Diputados y Senadores, art. 71.4.
Comisiones de investigación, artículo 76.1.
Legislativas Permanentes, artículo 75.2.
Comparecencia, art. 76.2.
Comunidades Autónomas, leyes de principios necesarios para armonizar las disposiciones normativas de las, art. 150.3.
Constitución, aprueban la, disposición transitoria 8.ª 1.
Control judicial de actos y credenciales de sus miembros, art. 70.2.
Convenios o tratados del artículo 94, es precisa la mayoría absoluta, art. 74.2.
Convocatoria, art. 116.5.
Diputación Permanente, artículo 78.2.
Diputaciones: Permanentes, presidencia, art. 78.2.
Asuntos tratados, art. 78.4.
Disolución, art. 115.
Disolución: mandato de los parlamentarios, fin del, artículo 68.4.
Disolución por el Rey, art. 99.5.
Elección y revisión total de la Constitución, art. 168.2.
Estatuto del Personal de las Cortes Generales, art. 72.1.
Funcionamiento en Pleno y por Comisiones, art. 75.1.
Funcionamiento no puede interrumpirse por la vigencia de alguno de los estados del artículo 116, art. 116.5.
Incompatibilidad, art. 67.1.

Inculpación y procesamiento, art. 71.2.
Información ante las mismas de funcionarios a solicitud de los titulares de los departamentos, art. 110.2.
Información y ayuda del Gobierno, Ministerios o cualquiera autoridades del Estado y Comunidades Autónomas, pueden recabar a través de sus Presidentes, art. 109.
Interpelaciones y preguntas, artículo 111.1.
Mandato, disposición transitoria 8.ª1.
Mayorías especiales, art. 79.2.
Mayorías necesarias, art. 74.2.
Miembros, art. 70.2.
Miembros del Gobierno, los, artículo 110.2.
Miembros del Gobierno, pueden reclamar la presencia de los, art. 110.1.
Peticiones individuales o colectivas, art. 77.1.
Peticiones que reciban, pueden remitir al Gobierno las, artículo 77.2.
Poderes y facultades, art. 72.3.
Presidentes, elección, art. 72.2.
Presupuestos, art. 72.1.
Proyecto de Estatuto de Autonomía, art. 151.2.4.º
Proyectos de reforma constitucional, art. 167.1.
Publicidad, art. 80.
Referéndum de ratificación de una reforma constitucional, art. 167.3.
Reglamento de las sesiones conjuntas, art. 72.2.
Reglamentos, art. 72.1.
Reglamentos e iniciativa legislativa, art. 87.1
Reglamentos y proposiciones de ley, art. 89.1.
Reuniones anuales, art. 73.1.
Reuniones no reglamentarias de parlamentarios, art. 67.3.
Revisión total de la Constitución o parcial esencial, art. 168.1 y 2.
Sesión conjunta, art. 74.1.
Sesiones extraordinarias, artículo 73.2.
Sesiones plenarias secretas, artículo 80.
Texto constitucional, aprobación del, art. 168.2.
Tribunal Constitucional y circunstancias previstas en el artículo 95.1 y 2.
Validez de los acuerdos, artículo 79.2.
Votación en las mismas del texto presentado por la Comisión Mixta, art. 74.2.

Cambio de moneda, art. 149.1.11.ª

Canales, art. 148.1.10.ª

Canarias

(Véanse *Cabildos, Comunidad Autónoma del archipiélago canario.*)

Candidato a la Presidencia del Gobierno

Confianza, art. 99.3.
Falta de confianza, art. 99.5.
Moción de censura, arts. 113.2 y 114.2.
Programa político, art. 99.2.
Rey, arts. 62.*d)* y 99.1 y 2.

Capacidad

(Véase *Principio de capacidad.*)
Económica, art. 33.1.
Matrimonio, para contraer, artículo 32.2.
Principio de y función pública, art. 103.3.

Capital
Deuda Pública del Estado, de la, art. 135.2.
Estado, del, art. 5.

Capítulo II, Sección 1.ª del Título I
Revisión, art. 168.1.

Cargo
(Véase *Cargos.*)
Político, art. 60.2.
Presidente del Gobierno, de, disposición transitoria 8.ª2.

Cargos
(Véase *Cargo.*)
Administración del Estado, de la, art. 70.1.*b)*.
Administrativos, art. 159.4.
Políticos, art. 159.4.
Públicos, art. 23.2.
Públicos, jueces, magistrados y fiscales, art. 127.1.

Carrera fiscal, art. 159.4.
Judicial, art. 159.4.

Carreteras cuyo itinerario se desarrolle íntegramente en el territorio de la Comunidad Autónoma, art. 148.1.5.ª

Casa del Rey, art. 65.

Castellano, art. 3.1.
(Véase *Lenguas.*)

Catástrofe, art. 30.4.

Cátedra, art. 20.1.*c)*.

Causa justificada, art. 33.3.

Causas
Contra Diputados y Senadores, art. 71.3.
Exención del servicio militar obligatorio, de, art. 30.2.
Separación y disolución del matrimonio, de, art. 32.2.
Separación, suspensión, traslados y jubilación de jueces y magistrados, de, art. 117.2.

Caza, art. 148.1.11.ª

Censo electoral
(Véase *Censos*).
Provincia, de la, art. 143.2.
Provincias, art. 151.1.

Censos, art. 152.2.

Censura
(Véase *Moción de censura.*)
Cuentas del Estado, de, artículo 136.2.
Cuentas del sector público estatal, de, art. 136.2.
Previa, art. 20.2.

Centros
Creación, art. 27.5.
Docentes: ayuda, art. 27.9.
Escolares.
(Véase *Enseñanza.*)
Libertad de creación de centros docentes, art. 27.6.
Sostenimiento por la Administración, art. 27.7.
Vacaciones, de, art. 40.2.

Cese
Gobierno, del, art. 101.1 y 2.
Miembros del Tribunal Constitucional, disposición transitoria 9.ª
Presidente del Gobierno, del, art. 62.*d)*.

Ceuta
Constitución como Comunidad Autónoma, disposición transitoria 5.ª

Diputado, art. 68.2.
Senadores, art. 69.4.

Ciencia
(Véase *Derecho a la producción y creación científica.*)
Poderes públicos, art. 44.2.

Circulación
(Véase *Derecho de libre circulación.*)
Aérea.
(Véase *Aeropuertos.*)
Mercancías o servicios, de, artículo 157.2.
Personas y bienes, de, artículo 139.2.
Vehículos a motor, de, artículo 149.1.21.ª

Circunscripción electoral
(Véase *Circunscripciones.*)
Elección al Congreso, art. 68.3.
Isla o agrupación de islas, artículo 69.3.
Número mínimo de Diputados, art. 68.2.
Provincias, art. 68.2.

Circunscripciones
(Véase *Circunscripción electoral.*)
Ámbito territorial, art. 151.2.1.ª
Territoriales propias, art. 152.3.

Ciudadano
(Véase Administrado.)
Acceso a los archivos y registros administrativos, art. 105.*c).*
Acción popular, art. 125.
Constitución, sujetos a la, art. 9.1.
Deberes, art. 30.4.
Derechos, deberes y libertades de los mismos, arts. 61.1, 86.1 y 124.
Disminuidos físicos, sensoriales y psíquicos, derechos de los mismos y, art. 49.
Disposiciones administrativas que les afecten, art. 105.*a).*
Informática, art. 18.4.
Otros países, de, art. 13.4.
Países iberoamericanos, de los, art. 11.3.
Participación en la vida política, económica y social, art. 9.2.
Participación en los asuntos públicos, art. 23.1.
Referéndum consultivo, art. 92.1.
Seguridad Social, art. 41.
Tercera edad, art. 50.
Tutela de derechos y libertades, art. 53.2.

Cláusula de conciencia, artículo 20.1.*d).*

Clemencia
(Véanse *Gracia, Indulto, Prerrogativa de Gracia.*)

Colegios profesionales
Régimen jurídico, art. 36.

Comercio
Exterior, art. 149.1.10.ª
Interior, art. 51.3.

Comisión
(Véase *Comisiones.*)
Constitucional, art. 151.2.2.º
Constitucional del Congreso, disposición transitoria 6.ª
Mixta Congreso-Senado, artículo 74.2.
Paritaria de Diputados y Senadores, art. 167.1.

Comisionado de las Cortes Generales, art. 54.

Comisiones
(Véase *Comisión.*)

Acceso miembros del Gobierno, art. 110.2.
Cámaras, de las, art. 75.1
Información y ayuda del Gobierno, Ministerios y cualesquiera autoridades del Estado y las Comunidades Autónomas, art. 109.
Investigación, de, art. 76.1.
Legislativas Permanentes, artículo 75.2.
Nombramiento, art. 76.1.
Presencia de los miembros del Gobierno, la, art. 110.1.
Resoluciones judiciales, art. 76.1.
Tribunales, art. 76.1.

Comparecencia

A requerimiento de las Cámaras, art. 76.2.

Competencia

(Véase *Competencias.*)
Comunidades Autónomas, de las, art. 149.3.
Consejo de Estado, del, artículo 107.
Estatal, art. 150.1.
Exclusiva del Estado, art. 149.1.
Materia de jurisdicción, de, artículo 117.3.
Miembros del Gobierno, de los, art. 98.2.
Tribunales, de los, arts. 82.6 y 150.1.

Competencias

(Véase *Competencia.*)
Audiencias Territoriales, de las, disposición adicional 4.ª
Cámaras, de las, disposición transitoria 8.ª1.
Comunidades Autónomas, de las, art. 148.1.
  Ampliación, art. 148.2.
  Autonomía financiera, artículo 156.1.
  Culturales, art. 149.2.
  Ordenación del sector de pesca marítima, en la, art. 149.1. 19.ª
Constitución, derivadas de la; ejercidas por organización o institución internacional, mediante tratado, art. 93.
Cortes Generales, de las, artículo 66.2.
Diputación Permanente, de la, art. 116.5.
Estados de alarma, de excepción y de sitio, art. 116.1.
Financieras del art. 157.1, artículo 157.3.
Plenos de las Cámaras, indelegables de los, art. 75.3.
Presidente del Gobierno, del, disposición transitoria 8.ª2.
Rey, del, arts. 62, 63 y 65.1 y 2.
Tribunal Constitucional, del, art. 161.1.

Composición

Comisión paritaria de Diputados y Senadores, de la, art. 167.1.
Congreso, del, art. 68.1.
Consejo de Estado, del, artículo 107.
Consejo de Planificación, del, art. 131.2.
Diputaciones Permanentes de las Cámaras, de las, art. 78.1.
Gobierno, del, art. 98.1.
Tribunal Constitucional, del, artículo 159.1.
Tribunal de Cuentas, del, artículo 136.4.

Comunicación

(Véase *Comunicaciones.*)
Comunidades Autónomas, cultural entre las, art. 149.2.
Cortes Generales, a las, artículo 145.2.
Gobierno, al, disposición transitoria 2.ª
Información veraz, art. 20.1.*d).*

Manifestaciones y reuniones, art. 21.2.
Social, arts. 20.3 y 149.1.27.ª

Comunicaciones

(Véase *Comunicación.*)
Postales, telegráficas y telefónicas, art. 18.3.
Régimen general, art. 149.1.21.ª
Secreto de las comunicaciones, art. 18.3.

Comunidad

(Véanse *Comunidades Autónomas, Plusvalías que genere la acción urbanística de los entes públicos.*)
Histórica, art. 56.1.
Servicios esenciales, arts. 28.2 y 37.2.

Comunidades Autónomas

Administración, art. 154.
Archipiélago canario, disposición adicional 3.ª
Asamblea legislativa, art. 152.1.
Asambleas, incompatibilidades con el Congreso, art. 67.1.
Recurso de inconstitucionalidad, legitimadas para interponer, art. 162.1.*a).*
Audiencia Territorial, más de una, disposición adicional 4.ª
Autonomía financiera, art. 156.1.
Autonomía para la gestión de sus propios intereses, art. 137.
Autoridades e instrucciones del Gobierno, art. 155.2.
Banderas y enseñas, art. 4.2.
Ciudades de Ceuta y Melilla, disposición transitoria 5.ª
Colaboración financiera con el Estado, art. 157.3.
Competencias, art. 148.1 y 2.
Conflictos de competencia, artículo 161.1.*c).*
Consejo de Gobierno, art. 152.1.
Constitución, art. 143.
Constitución por procedimiento especial, arts. 144, 151 y disposición transitoria 2.ª
Control de la actividad de sus órganos, art. 153.
Convenios y acuerdos, art. 145.2.
Cultura, art. 149.2.
Delegado del Gobierno, artículo 154.
Delegados o colaboradores del Estado en materia tributaria, art. 156.2.
Denominación, art. 147.2.*a).*
Derecho del Estado, art. 149.3.
Derechos civiles, forales o especiales, art. 149.1.8.ª
Designación de Senadores, artículo 69.5.
Disolución de órganos provisionales de autonomía, disposición transitoria 7.ª
Estatutos regulan los convenios entre ellas, los, art. 145.2.
Estatutos, art. 138.2.
Facultades para dictar normas adicionales sobre medio ambiente, art. 149.1.23.ª
Medios de comunicación social, en lo relativo a los, art. 149.1.27.ª
Titularidad estatal, competencias recibidas mediante ley orgánica de, art. 150.2.
Federación, art. 145.1.
Gobierno de sus disposiciones y resoluciones ante el Tribunal Constitucional, impugnación por el, art. 161.2.
Incumplimiento de obligaciones, art. 155.1.
Información y ayuda a las Cámaras y sus Comisiones, obligación, art. 109.
Iniciativa legislativa, art. 87.2.
Interés general del Estado, actuación que atente gravemente al, art. 155.1.
Lenguas oficiales, art. 3.2.

Leyes de principios armonizadores, art. 150.3.
Leyes marco, art. 150.1.
Materias no atribuidas expresamente al Estado, art. 149.3.
Medidas previstas en el artículo 155.1, art. 155.2.
Medidas tributarias, art. 157.2.
Museos, bibliotecas y archivos, art. 149.1.28.ª
Norma institucional básica, artículo 147.1.
Organización judicial del territorio, art. 152.1.
Organización propia en materia de procedimiento administrativo, art. 149.1.18.ª
Organización territorial del Estado, forman parte de la, artículo 137.
Órganos colegiados ejecutivos, art. 162.1.*a)*.
Órganos ejecutan la legislación laboral del Estado, sus, artículo 149.1.7.ª
Órganos judiciales, art. 152.1.
Policías propias, art. 149.1.29.ª
Presupuestos Generales del Estado, art. 158.1.
Proyecto de Estatuto no aprobado en una o varias provincias, art. 151.3.
Proyectos de planificación, artículo 131.2.
Recursos, art. 157.1.
Recursos del Fondo de compensación, art. 158.2.
Representación, art. 152.1.
Seguridad Social, art. 149.1.17.ª
Senado, art. 69.5.
Transferencias o delegaciones, art. 150.2.
Tributos, arts. 133.2 y 142.

Comunidades ideológicas, religiosas y de culto, art. 16.1.

Concejales, art. 140.

Concejo abierto, art. 140.

Concesiones administrativas, artículo 149.1.18.ª

Condenado, art. 25.2.

Confederaciones de sindicatos, art. 28.1.

Confesión de culpabilidad, artículo 24.2.

Confesionalidad, art. 16.3.

Confesiones religiosas, art. 16.3.

Confianza

(Véase *Cuestión de confianza.*)

Confiscación, art. 31.1.

Conflicto

(Véase *Conflictos.*)
Colectivo.
(Véanse *Derecho de los trabajadores y empresarios a adoptar medidas de conflicto colectivo, Derecho de huelga.*)
Normas del Estado prevalecen sobre las de las Comunidades Autónomas, las, art. 149.3.
Servicios esenciales de la comunidad, art. 37.2.

Conflictos

(Véase *Conflicto.*)
Competencia: entre Comunidades Autónomas, de, art. 161.1.*c)*.
Estado y las Comunidades Autónomas, entre el, artículo 161.1.*b)*.
Leyes, de, art. 149.1.8.ª
Marco del artículo 157.1, en el, art. 157.3.

Congreso de los Diputados
Candidato a la Presidencia del Gobierno: programa de Gobierno, art. 99.
Comisión constitucional y proyecto de Estatuto de Autonomía aprobado por la Asamblea de Parlamentarios, art. 151.2.2.º
Comisión constitucional, se le pueden remitir varios proyectos de Estatuto, disposición transitoria 6.ª
Comisiones de investigación, artículo 76.1.
Composición, art. 68.1.
Consejo General del Poder Judicial, miembros del, artículo 122.3.
Convocatoria del Congreso electo, art. 68.6.
Cortes Generales, las, art. 66.1.
Cuestión de confianza, artículo 112.
Decretos-leyes, art. 86.2.
Diputación Permanente, artículo 116.5.
Disolución, art. 115.1.
Disolución no procede artículo 116, su, art. 116.5.
Elección, art. 68.4.
Estado de alarma, art. 116.2.
Estado de excepción, art. 116.3.
Estado de sitio, art. 116.4.
Funciones y competencias, disposición transitoria 8.ª1.
Incompatibilidades de los Diputados, art. 67.2.
Iniciativa legislativa, art. 87.1.
Interpelación, art. 111.2.
Mandato, art. 68.6.
Mayoría absoluta, art. 74.2.
Leyes orgánicas, art. 81.2.
Mayoría de dos tercios, artículo 167.2.
Mayoría simple, art. 90.2.
Mesa, arts. 72.2 y 87.2.
Miembros, art. 102.2.
Moción de censura, art. 114.2.
Caso de no aprobarse, artículo 113.4.
Pleno y por Comisiones, artículo 75.1.
Plenos secretos, art. 80.
Presidente, art. 72.2.
Presidente y Presidente del Gobierno, el, art. 64.1.
Presupuestos Generales del Estado, art. 134.3.
Proposiciones de ley remitidas por el Senado, art. 89.2.
Proyecto de ley, art. 90.3.
Proyecto de ley ordinaria u orgánica, art. 90.1.
Proyectos de ley aprobados en Consejo de Ministros, artículo 88.
Referéndum, art. 92.2.
Reforma constitucional, debe aprobar el texto de la Comisión paritaria de Diputados y Senadores para que progrese la, art. 167.1.
Reglamento, art. 72.1.
Renovación, art. 99.1.
Senado, desacuerdo con el, artículo 74.2.
Senado a los proyectos de ley aprobados por el Congreso, enmiendas del, art. 90.2.
Senado a los proyectos de ley aprobados por el Congreso, veto del, art. 90.2.
Sesiones extraordinarias, artículo 73.2.
Sesiones plenarias secretas, artículo 80.
Traición a los miembros del Gobierno en el ejercicio de sus funciones, acusación de, art. 102.2.
Tratados o Convenios del artículo 94, art. 74.2.
Tratados o Convenios no incluidos en el art. 94.1, art. 94.2.
Tribunal Constitucional, miembros del, art. 159.1.
Veto del Senado, art. 90.2.

Consejo
De Estado: composición y competencia, art. 107.
Funciones delegadas a que se refiere el art. 150.2, artículo 153.*b)*.
General del Poder Judicial: composición, art. 122.3.
Fiscal General del Estado, art. 124.4.
Funciones, art. 122.2.
Nombramiento del Presidente del Tribunal Supremo, art. 123.2.
Órgano de gobierno del Poder Judicial, art. 122.2.
Tribunal Constitucional, artículo 159.1, disposición transitoria 9.ª
General Vasco, Navarra, disposición transitoria 4.ª1.
Gobierno de las Comunidades Autónomas, de, art. 152.1.
Insular, art. 69.3.
Ministros, de
(Véase *Gobierno.*)
Cuestión de confianza del Congreso, art. 112.
Decretos, art. 62.*f)*.
Disolución del Congreso, del Senado o de las Cortes Generales, art. 115.1.
Estado de alarma, art. 116.2.
Estado de excepción, artículo 116.3.
Proyectos de ley, art. 88.
Rey, de Ministros presidido por el, art. 62.*g)*.
Planificación, de, art. 131.2.

Consejos o cabildos, art. 141.4.

Consorte de la Reina, art. 58.

Conservatorios de música de interés para la Comunidad Autónoma, art. 148.1.15.ª

Conservación
Nacionalidad española, de la, art. 11.1.
Patrimonio del Estado y del Patrimonio nacional, del, artículo 132.3.
Patrimonio histórico, cultural y artístico de los pueblos de España, del, art. 46.

Constitución
Derogación de las disposiciones que se le opongan, disposición derogatoria.
Entrada en vigor, disposición final.
Publicación, disposición final.
Reforma, art. 167.
Revisión total o parcial esencial, art. 168.

Constitucionalidad de la legislación autonómica, art. 153.*a)*.

Construcción de aprovechamientos hidráulicos, canales y regadíos de interés de la Comunidad Autónoma, artículo 148.1.10.ª

Consulta real, art. 99.1.

Consultas populares por vía de referéndum, art. 149.1.32.ª

Consumidores, art. 51.1 y 2.

Contradicción entre un tratado internacional y la Constitución, art. 95.2.

Contratos administrativos, artículo 149.1.18.ª

Control
Centros docentes, de, art. 27.7.
Comunicación social, medios de, art. 20.3.

Suspensión de derechos, artículo 55.2.
Espacio aéreo, del, art. 149.1.20.ª
Gobierno, de la acción del, artículo 66.2.
Judicial de las actas y credenciales de los miembros de las Cámaras, art. 70.2.
Leyes de delegación, por las, art. 82.6.
Normas de las Comunidades Autónomas, de las, art. 150.1.
Normas reglamentarias de las Comunidades Autónomas, artículo 153.*c)*.
Órganos de las Comunidades Autónomas, de los, art. 153.
Potestad reglamentaria y de la legalidad de la actuación administrativa por los tribunales, de la, art. 106.1.
Transferencias de facultades de titularidad estatal a las Comunidades Autónomas, de las, art. 150.2.

Convalidación de Decretos-leyes, art. 86.2.

Convenios
Carácter militar, de, art. 94.1.*b)*.
Colectivos.
(Véase *Derecho a la negociación colectiva laboral.*)
Comunidades Autónomas, entre, art. 145.2.
Cortes Generales, que no precisen previa autorización de las, art. 94.2.
Derechos y deberes fundamentales, que afecten a los, artículo 94.1.*c)*.
Hacienda Pública, que impliquen obligaciones financieras para la, art. 94.1.*d)*.
Integridad territorial del Estado, que afecten a la, art. 94.1.*c)*.
Internacionales, art. 96.2.
Ley o exijan medidas legislativas para su ejecución, que supongan modificación o derogación de alguna, art. 94.1.*e)*.

Convicciones, art. 27.3.

Convivencia, Preámbulo y art. 27.1.

Convocatoria
Asamblea de Parlamentarios, de la, art. 151.2.1.ª
Cámaras en los casos de los estados de alarma, excepción o de sitio, de las, art. 116.5.
Congreso de los Diputados, del, art. 86.2.
Congreso electo, del, art. 68.6.
Consultas populares por vía de referéndum, de, art. 149.1.32.ª
Cortes Generales, de, art. 62.*b)*.
Elecciones, de, arts. 62.*b)* y 99.5.
Órgano colegiado preautonómico para la elaboración del Proyecto de Estatuto, del, artículo 151.2.2.º
Referéndum, de, arts. 62.*c)*, 92.2 y disposición transitoria 4.ª1.
Sesiones extraordinarias de las Cámaras, de, art. 73.2,

Cónyuges
(Véanse *Derechos de los cónyuges, Matrimonio.*)

Cooperación
Entre los pueblos de la Tierra, preámbulo.
Poderes públicos, la Iglesia Católica y las demás confesiones, entre los, art. 16.3.

Cooperativas
(Véase *Sociedades cooperativas.*)

Coordinación
(Véase *Principio de Coordinación.*)

Delegado del Gobierno, artículo 154.
Excepción al principio de coordinación, art. 155.
Funciones de los demás miembros del Gobierno, de las, artículo 98.2.
Hacienda estatal, con la, artículo 156.1.
Investigación científica y técnica, general de la, art. 149.1.15.ª
Órganos de la Administración del Estado, de los, art. 103.2.
Planificación general de la actividad económica, de la, artículo 149.1.13.ª
Policías locales, de las, artículo 148.1.22.ª

Corona, Título II.
Abdicaciones a la, art. 57.5; España, es hereditaria, de, artículo 57.1.
Exclusión, art. 57.4.
Orden de sucesión, art. 57.5.
Sucesión, la, art. 57.3.
Títulos de la, art. 56.2.
Títulos del sucesor, art. 57.2.

Corporaciones
Carácter representativo, de, artículo 141.2.
Locales, art. 148.1.2.ª
Bienes comunales, art. 132.1.
Haciendas locales, art. 142.
Iniciativa del proceso autonómico, art. 143.2 y disposición transitoria 3.ª
Iniciativa del proceso autonómico sustituida por la de las Cortes Generales, artículo 144.*c).*
Tributos, art. 133.2.

Correos, art. 149.1.21.ª

Cortes, Título III.
Constitución, aprueban la, preámbulo.
Decretos-leyes, art. 86.3.
Generales: competencias genéricas, art. 66.2.
Comisiones de investigación de Congreso y Senado, artículo 76.1.
Competencias no legislativas, art. 74.1.
Composición, art. 66.1.
Comunidades Autónomas: autoriza los acuerdos de cooperación entre éstas fuera del párrafo primero del artículo 145.2, art. 145.2.
Constitución de Ceuta y Melilla como Comunidades Autónomas, disposición transitoria 5.ª
Convenios entre ellas, artículo 145.2.
Materias de su competencia, les atribuyen competencia legislativa en, art. 150.1.
Constitución de nuevas, artículo 78.3.
Convocatoria y disolución, art. 62.*b).*
Decisiones en materia de los artículos 94.1, 145.2 y 158,2, por mayoría de cada una de las Cámaras, art. 74.2.
Defensor del Pueblo, art. 54.
Delegación legislativa al Gobierno, art. 82.1.
Diputación Permanente, artículo 78.3.
Disolución, art. 115.1.
Disolución del artículo 99, el refrendo corresponde al Presidente del Congreso, art. 64.1.
Estatuto del personal, art. 72.1.
Estatutos de las Comunidades Autónomas, reforma de los, art. 147.3.
Fondo de Compensación, artículo 158.2.

Gobierno, acción del, art. 66.2.
Guerra y concertar la paz, autorización para declarar, art. 63.3.
Inviolabilidad de las, artículo 66.3.
Leyes aprobadas por ellas, art. 91.
Leyes de principios necesarios para armonizar las disposiciones normativas de las Comunidades Autónomas, art. 150.3.
Leyes marco, art. 150.1.
Límites provinciales, art. 141.1.
Mandato imperativo, art. 67.2.
Potestad legislativa, art. 66.2.
Presupuestos del Estado, artículo 66.2.
Presupuestos Generales del Estado, art. 134.1.
Proyecto de Estatuto de autonomía, art. 151.2.4.º
Ley, tramitado como, artículos 146 y 151.2.5.º
Referéndum de ratificación de la reforma constitucional art. 167.3.
Referéndum de ratificación de la revisión total o parcial esencial de la Constitución, art. 168.3.
Regencia, art. 59.3.
Reglamento para las sesiones conjuntas de las Cámaras, art. 72.2.
Rey: inhabilitación, art. 59.2.
Nombramiento del tutor del Rey menor, art. 60.1.
Proclamación y juramento del Rey, art. 61.1.
Sucesión a la Corona, art. 57.3.
Sucesores al Trono, art. 57.4.
Tratados o convenios, artículo 94.1.
Tratados o convenios del artículo 94.1, art. 74.2.
Tratados y resoluciones, artículo 93.
Tribunal de Cuentas, art. 136.

Cosa juzgada
Sentencias, art. 161.1.*a)*.
Sentencias del Tribunal Constitucional, art. 164.1.

Costas, arts. 132.2 y 149.1.20.ª

Credenciales de Diputados y Senadores, art. 70.2.

Crédito
(Véase *Créditos.*)
Bases de su ordenación, artículo 149.1.11.ª
Extraordinario.
(Véase *Gasto público.*)
Gobierno, el, art. 135.1.
Producto de las operaciones de, el, art. 157.1.*e)*.

Créditos
(Véase *Crédito.*)
Aumento de los, art. 134.5 y 6.
Deuda Pública del Estado, artículo 135.2.
Presupuestarios, art. 134.6.

Creencias, art. 16.2 y 3.

Cuenta General del Estado, artículo 136.1.
(Véase *Cuentas.*)

Cuentas
Del Estado, art. 136.1 y 2.
Del sector público estatal, artículo 136.2.

Cuerpo
(Véase *Cuerpos.*)
Electoral, art. 151.2.5.º
Único de Jueces y Magistrados de carrera, art. 122.1.

Cuerpos
(Véase *Cuerpo.*)

Disciplina militar, sometidos a, art. 29.2.
Límites a la libertad de sindicación, art. 28.1.
Seguridad, de, art. 104.1.
Ley orgánica, regulados por, art. 104.2.
Miembros, art. 70.1.*e)*.

Cuestión
De confianza, art. 112.
Inconstitucionalidad, de, artículo 163.
Iniciativa popular, art. 87.3.

Culpabilidad, art. 24.2.

Culto, art. 16.

Cultura
(Véanse *Culturas, Participación de los ciudadanos, Patrimonio cultural.*)
Condenado, art. 25.2.
Deber del Estado, art. 149.2.
Derecho a la, art. 44.1.
Fomento de la cultura, artículo 148.1.17.ª
Servicio del Estado, art. 149.2.
Tercera edad, art. 50.

Culturas, Preámbulo.
(Véase *Cultura.*)

D

Daño causado, art. 45.3.
(Véase *Daños.*)

Daños
(Véase *Daño causado.*)
Indemnización, art. 121.

Debate
Decretos-leyes, y votación de la totalidad de los; Congreso de los Diputados, art. 86.2.
Interpelaciones y preguntas, de, art. 111.1.
Proyectos y proposiciones de ley, de, art. 75.2.

Deber
(Véase *Deberes.*)
Asistencia de los padres a los hijos, de, art. 39.3.
Comparecencia, de, art. 76.2.
Conocer el castellano, de, artículo 3.1.
Conservar el medio ambiente, de, art. 45.1.
Defender a España, de, art. 30.1.
Trabajar, de, art. 35.1.

Deberes
(Véase *Deber.*)
Ciudadanos, de los, art. 86.1.
Grave riesgo, catástrofe o calamidad pública, casos de, art. 30.4.
Constitucionales, art. 149.1.1.ª
Cónyuges, de los, art. 32.2.
Fundamentales, art. 94.1.*c)*.
Todos, de, art. 43.2.

Decreto
(Véase *Decretos.*)
Consejo de Ministros, alarma, acordado en, art. 116.2.
Estado de excepción, por el mismo se declara el, artículo 116.3.
Congreso, Senado o Cortes Generales, de disolución del, artículo 115.1.

Decretos
(Véase *Decreto.*)
Acordados en el Consejo de Ministros, art. 62.*f)*.

Legislativos del Gobierno, artículo 85.
Leyes, art. 86.

Defensa
Acceso a registros y archivos administrativos, art. 105.*b)*.
Competencia exclusiva del Estado, art. 149.1.4.ª
Consumidores y usuarios, de, art. 51.1.
Derechos del Título I, de los, art. 54.
España, de, art. 30.1.
Estado, del, art. 97.
Integridad territorial de España y del ordenamiento constitucional, de la, art. 8.1.
Intereses, de, art. 7.
Intereses de los trabajadores, de los, art. 52.
Intereses económicos, de, artículo 52.
Legalidad, de la, art. 124.1.
Letrado, de.
(Véase *Derecho a defensa y asistencia de letrado.*)
Medio ambiente, del, art. 45.2.
Patrimonio artístico, cultural y monumental, del, art. 149.1.28.ª
Patrimonio del Estado y el Patrimonio Nacional, del, artículo 132.3.
Productividad de la empresa, de la, art. 38.
Proposiciones de ley, de las, art. 87.2.

Defensor del Pueblo, art. 54.
Incompatibilidad, art. 70.1.*c)*.
Recurso de amparo, art. 162.1.*b)*.
Recurso de inconstitucionalidad, art. 162.1.*a)*.

Delegación
Asambleas de las Comunidades Autónomas, de las, art. 87.2.
Asamblea de Parlamentarios, de la, art. 151.2.2.º
Cortes Generales, de las, artículo 136.1.
Facultades correspondientes a materia de titularidad estatal, de, art. 150.2.
Legislativa, art. 82.
Cortes Generales al Gobierno, de las, art. 82.1.
Derogación de la ley de delegación, art. 84.
Formas, art. 82.2.
Límites, art. 82.1.
Objeto y alcance, art. 82.4.
Pleno de las Cámaras a las Comisiones Legislativas Permanentes, por el, art. 75.2.

Delegado del Gobierno, artículo 154.

Delincuente, art. 126.

Delito
(Véase *Delitos.*)
Acciones u omisiones no constitutivas, art. 25.1.
Asociaciones ilegales, art. 22.2.
Averiguación del delito, artículo 126.
Diputados y Senadores, art. 71.2.
Entrada o registro en un domicilio, art. 18.2.
Seguridad del Estado, contra la, art. 102.2.

Delitos
(Véase *Delito.*)
Averiguación y acceso de los ciudadanos a los archivos y registros administrativos, artículo 105.*b)*.
Políticos, art. 13.3.

Demanio público
(Véase *Dominio público.*)

Demarcaciones judiciales del territorio de una Comunidad Autónoma, art. 152.1.

Denegación de confianza
Al candidato a la Presidencia del Gobierno, art. 99.4 y 5.

Denuncia de tratados o convenios internacionales, art. 96.2.

Departamentos
(Véanse *Ministerios, Ministros.*)
Información de sus funcionarios ante las Cámaras y sus Comisiones, art. 110.2.
Ministeriales, deben prestar información y ayuda que precisen las Cámaras y sus Comisiones, solicitadas a través de los Presidentes de aquéllas, art. 109.

Dependencia jerárquica, artículo 124.2.

Deporte
(Véanse *Enseñanza, Educación.*)
Fomento, art. 43.3.
Promoción, art. 148.1.19.ª

Derecho
(Véase *Derechos.*)
Administración pública actúa con sometimiento pleno a él, la, art. 103.1.
Asilo, de, arts. 13.4 y 149.1.2.ª
Asociación, de, art. 22.1.
Autonomía, a la, art. 2.
Circulación libre por el territorio nacional, de, art. 19.
Ciudadanos: a acceder en condiciones de igualdad a funciones y cargos públicos, de los, art. 23.2.
Civil.
(Véase *Legislación civil.*)
Cláusula de conciencia, a la, art. 20.1.*d).*
Comunidades Autónomas, de las, art. 149.3.
Confesarse culpable, a no, artículo 24.2.
Creación artística, a la, artículo 20.1.*b).*
Creación científica, a la, artículo 20.1.*b).*
Creación literaria, a la, artículo 20.1.*b).*
Creación técnica, a la, art. 20.1.*b).*
Cultura, a la, art. 44.1.
Declarar contra uno mismo, a no, art. 24.2.
Defender a España, a, art. 30.1.
Defensa, a los medios pertinentes para la, art. 24.2.
Difusión de los pensamientos, ideas y opiniones, de libre, art. 20.1.*a).*
Educación, a la, art. 27.1.
Educación, caracteres, a la, artículo 27.5.
Elección de oficio o profesión, a la libertad de, art. 35.1.
Elección de residencia, a la libertad de, art. 19.
Electoral general, art 86.1.
(Véase *Régimen electoral general.*)
Empresarios a adoptar medidas de conflicto colectivo, de los, art. 37.2.
Entrada libre en España, de, art. 19.
Especial, art. 149.1.8.ª
Estado de, preámbulo.
Estado social y democrático de, art. 1.1.
Estatal, supletorio del de las Comunidades Autónomas, artículo 149.3.
Expresión de pensamientos, ideas y opiniones, de libre, art. 20.1.*a).*
Foral, art. 149.1.8.ª
Fuentes del, art. 149.1.8.ª
Fundación, de, art. 34.1.
Garantía de, art. 117.4.

Gracia, de, art. 62.*i)*.
Herencia, a la, art. 33.1.
Honor, al, arts. 18.1 y 20.4.
Huelga, a la, art. 28.2.
Imagen, a la propia, arts. 18.1 y 20.4.
Indemnización, a, arts. 106.2 y 121.
Indemnizado, a ser, art. 106.2.
Información de las Cámaras, de, art. 109.
Información veraz, a comunicar o recibir libremente, art. 20. 1.*d)*.
Informado de la acusación formulada, a ser, art. 24.2.
Inocencia, a la presunción de, art. 24.2.
Integridad física, a la, art. 15.
Integridad moral, a la, art. 15.
Internacional, arts. 10.2 y 96.1.
(Véase *Tratados internacionales.*)
Internacional, normas generales de Derecho internacional, artículo 96.1.
Intimidad, a la, art. 20.4.
Intimidad familiar, a la, artículo 18.1.
Intimidad personal, a la, artículo 18.1.
Juez ordinario, al, art. 24.2.
Jurisdicción, a la, art. 24.1 (concepto acuñado por STC de 22-4-81, RA 202/80).
Lengua oficial del Estado, a usar la, art. 3.1.
Letrado, a asistencia y defensa, art. 24.2.
Libertad, a la, art. 18.1.
Libertad de cátedra, a la, artículo 20.1.*c)*.
Manifestación, de.
(Véase *Manifestaciones.*)
Matrimonio, a contraer, articulo 32.1.
Medio ambiente adecuado, a disfrutar de un, art. 45.1.
Mercantil.
(Véase *Legislación mercantil.*)
Naturalización, recíproco de, art. 11.3.
Negociación laboral colectiva, a la, art. 37.1.
Padres a la formación religiosa y moral de los hijos, de los art. 27.3.
Participación, de, art. 23.1.
Penal.
(Véase *Legislación penal.*)
Petición colectiva, de, art. 29.1.
Petición individual, de, art. 29.1 y 2.
Privado, art. 157.1.*d)*, disposición adicional 2.ª
Procesal.
(Véase *Legislación procesal.*)
Proceso público, a, art. 24.2.
Producción artística, a la, artículo 20.1.*b)*.
Producción científica, a la, artículo 20.1.*b)*.
Producción literaria, a la, artículo 20.1.*b)*.
Producción técnica, a la, artículo 20.1.*b)*.
Promoción a través del trabajo, a la, art. 35.1.
Propiedad privada, a la, artículo 33.1.
Protección de la salud, a la, art. 43.1.
Remuneración suficiente, a una, art. 35.1.
Reunión pacífica y sin armas, de, art. 21.1.
Salida libre de España, españoles, de, art. 19.
Secreto profesional, al, art. 20.1.*d)*.
Seguridad, a la, art. 17.1.
Seguridad Social, a la, art. 41.
Sindicación de los funcionarios públicos, de, art. 103.3.
Sindicarse libremente, a, artículo 28.1.

Sindicatos a afiliarse a organizaciones sindicales internacionales, de los, art. 28.1.
Sindicatos, a formar confederaciones, 28.1.
Sindicatos, a fundar, art. 28.1.
Sindicatos a fundar organizaciones sindicales internacionales, de los, art. 28.1.
Sustantivo de las Comunidades Autónomas, art. 149.1.6.ª
Sucesión en el Trono, exclusión, a la, art. 57.4.
Sufragio, de, art. 68.5.
Sufragio activo, de, art. 13.2.
Trabajadores a la huelga, de los, art. 28.2.
Trabajo, del.
(Véase *Legislación laboral.*)
Trabajo, españoles, al, art. 35.1.
Trabajo remunerado, a, art. 25.2.
Tutela efectiva de jueces y tribunales, a obtener la, art. 24.1.
Vida, a la, art. 15.
Vivienda digna y adecuada, a disfrutar de una, art. 47.

Derechos

(Véase *Derecho.*)
Ajenos, art. 10.1.
Ciudadanos, de los, art. 86.1.
Civiles, art. 149.1.8.ª
Comunidades Autónomas, juramento del Rey, de las, artículo 61.1.
Condenado, del, art. 25.2.
Constitución reconoce y protege, que la, art. 20.1.
Constitucionales, art. 149.1.1.ª
Cónyuges, de los, art. 32.2.
Deberes fundamentales, Título I.
Defensor del Pueblo, art. 54.
Detenido, del, art. 17.3.
Disminuidos físicos, sensoriales y psíquicos, de los, art. 49.
Económicos y sociales de los trabajadores españoles en el extranjero, art. 42.
Españoles en cualquier parte del territorio del Estado, los mismos para todos los, artículo 139.1.
Especiales, art. 149.1.8.ª
Estado de excepción o de sitio, art. 55.1.
Forales, art. 149.1.8.ª
Forales, disposición adicional 2.ª
Fuerzas y Cuerpos de Seguridad, art. 104.1.
Fundamentales: desarrollo por ley orgánica, art. 81.1.
  Educación, art. 27.2.
  Normas relativas a los, artículo 10.2.
  Presos, art. 25.2.
  Tratados y convenios, artículo 94.1.*c).*
Históricos, disposición adicional 1.ª
Humanos, art. 10.2.
  Ejercicio protegido, su, preámbulo.
Individuales, art. 9.3.
Infancia, de la, art. 20.4.
Informática, art. 18.4.
Inviolables, art. l0.1.
Jueces y Tribunales, art. 24.1.
Juramento del Rey, art. 61.1.
Juventud, de la, art. 20.4.
Legítimos, art. 24.1.
Ley orgánica para personas determinadas, suspendido en virtud de una, art. 55.2.
Libertades, y, Cap. II, Tít. I.
Ministerio Fiscal, art. 124.1.
Niños, de los, art. 39.4.
Persona, de la, art. 17.1.
Poderes públicos, vinculan a todos los, art. 53.1.
Políticos, elecciones, art. 68.5.
Privación de bienes y derechos, art. 33.3.
Reconocidos en el artículo 20.1, art. 20.2.

Reconocidos en el artículo 23, titulares, art. 13.2.
Reconocidos en el título I, artículo 20.4.
Servicios públicos, e indemnización, art. 106.2.
Sociales, art. 42.
Título I, del, art. 54.
Tutela se debe recabar ante los tribunales ordinarios, su, artículo 53.2.
Violación, art. 55.2.
Violación, del artículo 53.2, artículo 161.1.*b)*.

Derogación
Constitución de las Leyes Fundamentales, por la, disposición derogatoria.
Decretos-leyes, Congreso de los Diputados, de, art. 86.2.
Disposiciones de tratados internacionales válidamente celebrados, de, art. 96.1.
Ley, tratados o convenios, de alguna, art. 94.1.*e)*.
Ley de delegación, de, art. 84.
Ley 1/1977, de 4 de enero, para la Reforma Política, de la, disposición derogatoria 1.
Ley de 25 de octubre de 1839, definitiva de la, disposición derogatoria 2.
Ley de 21 de julio de 1876, definitiva, disposición derogatoria 2.
Leyes orgánicas, requiere mayoría absoluta en el Congreso, de, art. 81.2.

Desafectación de los bienes de dominio público y de los comunales, art. 132.1.

Descanso necesario, art. 40.2.

Descendientes excluidos de la sucesión en el trono, artículo 57.4.

Descentralización, art. 103.1.

Desconcentración, art. 103.1.

Desempleo, art. 41.

Desequilibrios económicos interterritoriales, art. 158.2.

Detención, art. 17.3.
(Véase *Detenido.*)
Diputados, de, art. 71.2.
Ilegal, art. 17.4.
Preventiva, art. 17.2.
Senadores, de, art. 71.2.

Detenido, art. 17.2.
(Véase *Detención.*)
Asistencia de abogado, art. 17.3.

Deuda
Estado, del, art. 149.1.14.ª
Pública, art. 135.1 y 2.

Dialectos
(Véase *Lenguas.*)

Dictamen
Consejo de Estado, previo del, art. 153.*b)*.
Proyectos de Estatuto, de los, disposición transitoria 6.ª

Difusión
Medio de, art. 20.1.*d)*.
Pensamientos, ideas y opiniones, libre de, art. 20.1.*a)*.

Dignidad
Persona, de la, art. 10.1.
Príncipe de Asturias, de, artículo 57.2.

Diligencias
Judiciales, art. 17.3.
Policiales, art. 17.3.

Dimisión
Gobierno, del, art. 114.1.
  Rey cuando el Congreso ha adoptado una moción de censura, presentada al, artículo 114.2.
Presidente del Gobierno, del, disposición transitoria 8.ª2.
  Determina el cese del Gobierno, art. 101.1.

Dinastía histórica, art. 57.1.

Diputación
(Véase *Diputaciones.*)
Órgano interinsular de las provincias afectadas, u, art. 146.
Permanente, art. 78.4.
  Competencias del Congreso, asume la, art. 116.5.
  Composición, art. 78.1.

Diputaciones
(Véase *Diputación.*)
Corporaciones de carácter representativo, u otras, artículo 141.2.
Iniciativa del proceso autonómico, arts. 143.2 y 151.1.
Permanentes de las Cámaras, art. 78.1.
Provinciales, disposición transitoria 1.ª

Diputado del Congreso
(Véase *Diputados del Congreso.*)
Ceuta y otro para Melilla, uno para, art. 68.2.
Incompatibilidad, art. 67.1.

Diputados del Congreso
(Véase *Diputado del Congreso.*)
Actas y credenciales, art. 70.2.
Asamblea de Parlamentarios, art. 151.2.2.º
Asignación, art. 71.4.
Causas contra los, en las, artículo 71.3.
Comisión Mixta por desacuerdo en materia de los artículos 94.1, 145.2 y 158.2, art. 74.2.
Comisión paritaria de Diputados y Senadores, art. 167.1.
Detención, art. 71.2.
Distribución, art. 68.2.
Elección por sufragio universal, libre, igual, directo y secreto, art. 68.1.
Incompatibilidad, art. 67.1.
Inculpación, art. 71.2.
Inelegibilidad e incompatibilidad, art. 70.1.
Inmunidad, art. 71.2.
Inviolabilidad, art. 71.1.
Mandato, su, art. 68.4.
Mayoría simple, la, art. 112.
Moción de censura, art. 113.2.
Número, art. 68.1.
Número total, art. 68.2.
Procesamiento, art. 71.2.
Proyecto de Estatuto, art. 146.
Proyecto de Estatuto de Autonomía, art. 151.2.1.º
Recurso de inconstitucionalidad, art. 162.1.*a).*

Disciplina militar
Cuerpos sometidos a ella y derecho de petición, art. 29.2.

Discriminación
Prohibición, art. 14.
Sexo, prohibición, por razón de, art. 35.1.

Disminuidos físicos, sensoriales y psíquicos, art. 49.

Disolución
Asociaciones, de, art. 22.4.
Cámara, de la, arts. 68.4 y 69.6.
Cámaras, de las, arts. 99.5 y 115.
  Diputaciones Permanentes, art. 78.2.
  Estados del artículo 116, art. 116.5.
  Moción de censura, art. 115.2.

Presidente del Gobierno, artículo 115.1.
Cortes Generales: competencias de las Diputaciones Permanentes, de las, art. 78.3.
Revisión total o parcial esencial de la Constitución, artículo 168.1.
Rey, corresponde al, art. 62.*b)*.
Cortes Generales, del Congreso o del Senado, de las, disposición transitoria 8.ª3.
Fundaciones, de, art. 34.2, en relación con el 22.4.
Gobierno, del, art. 64.1.
Matrimonio, del, art. 32.2.
Organismos provisionales autonómicos, de, disposición transitoria 7.ª
Senado, del, art. 115.1.
Fin del mandato de los Senadores, art. 69.6.

Disposiciones
Administrativas, art. 105.*a)*.
Comunidades Autónomas, adoptadas por los órganos de las, art. 161.2.
Constitución, derogadas, que se opongan a la, disposición derogatoria.
Gobierno que contengan legislación delegada, del, art. 85.
Legislativas provisionales, artículo 86.1.
Normativas con fuerza de ley, art. 161.1.*a)*.
Normativas con fuerza de ley de las Comunidades Autónomas, art. 153.*a)*.
Normativas de las Comunidades Autónomas, art. 150.3.
Sancionadoras, art. 9.3.
Tratados internacionales válidamente celebrados, de los, art. 96.1.

Distribución
Recursos del Fondo de Compensación, de los, art. 158.2.
Renta personal, de la, art. 40.1.
Renta regional, de la, art. 40.1.
Riqueza, justa de la, art. 131.1.

Divisas, art. 149.1.1.ª

División territorial, art. 141.1.

Divorcio
(Véanse *Disolución del matrimonio* y *Separación.*)

Doble nacionalidad
(Véase *Tratados de doble nacionalidad.*)

Domicilio, art. 18.2.

Dominio
Público, art. 132.1.
Público estatal, art. 132.2.

Duración
Detención, de la, art. 17.2.
Estado de excepción, de la, artículo 116.3.
Estado de sitio, del, art. 116.4.
Mandato de los Diputados, del, art. 68.4.
Mandato de los Senadores, del, art. 96.6.
Prisión provisional, de la, artículo 17.4.

E

Ecología
(Véase *Medio ambiente.*)

Economía
Competencias de las Comunidades Autónomas, art. 148.1.7.ª
General, art. 38.

Hacienda, Título VII.
Mercado, de, art. 38.
Mixta, arts. 38 y 128.
Progreso de la, preámbulo.

Economía y Hacienda, título VII.

Edad

Matrimonio, art. 32.2.
Mayoría de edad de los españoles, art. 12.
Minoría de edad de los hijos, art. 39.3.
Mayoría de edad y derechos forales, disposición adicional 2.ª
Minoría de edad del Rey, artículo 59.1.
Sucesión al trono, art. 57.1.
Voto, para el, disposición transitoria 8.ª3.

Edificios

Públicos de las Comunidades Autónomas, art. 4.2.
Vigilancia y protección de edificios e instalaciones, artículo 148.1.22.ª

Educación

(Véanse *Enseñanza* y *Deporte.*)
Consumidores y usuarios, artículo 51.2.
Derecho a la educación, artículo 27.1 y 5.
Física, art. 43.3.
Objeto, art. 27.2.
Sanitaria, art. 43.3.

Eficacia

Normas jurídicas, de las, artículo 149.1.8.ª
Principio, art. 103.1.

Eficiencia

Programación y ejecución del gasto público, art. 31.2.

Ejercicio

Acción popular, de la, art. 125.
Acciones ante el Tribunal Constitucional, de, art. 165.
Carreras judicial y fiscal, de las, art. 159.4.
Competencias derivadas de la Constitución, de, art. 93.
Competencias financieras de las Comunidades Autónomas, de las, art. 157.3.
Delegación legislativa, de la, art. 82.3 y 4.
Derecho de autonomía, del, artículo 143.1.
Económico correspondiente, artículo 134.4.
Económico de las Comunidades Autónomas, art. 153.*d).*
Iniciativa de la reforma constitucional, de la, art. 166.
Iniciativa legislativa, de la, artículos 87.1 y 89.1.
Iniciativa popular, de la, artículo 87.3.
Potestad jurisdiccional, de la, art. 117.3.
Potestad legislativa, de la, artículo 66.2.
Presupuestario de las Comunidades Autónomas, art. 153.*d).*

Ejército

Aire, del, art. 8.1.
Tierra, de, art. 8.1.

Elaboración de las leyes, capítulo II, título III.

Elección

(Véanse *Elecciones, Electores, Elegibles, Régimen electoral.*)
Concejales y Alcaldes, de, artículo 140.
Congreso, al, art. 68.3.
Consejo General del Poder Judicial, de miembros del, artículo 122.3.

Derecho a la libre elección de profesión u oficio, art. 35.1.
Diputados, sistema, de, art. 68.1.
Personas, Reglamentos de las Cámaras, de, art. 79.2.
Presidentes de las Cámaras, de los, art. 72.2.
Residencia, de.
(Véase *Derecho a la libertad de elección de residencia.*)
Senadores, sistema, de, art. 69.2 y 3.
Sindicato, de, art. 28.1.

Elecciones
(Véanse *Derecho electoral, Elección, Electores, Elegibles, Régimen electoral.*)
Asamblea legislativa, art. 152.1.
Congreso, al, art. 68.6.
Convocatoria corresponde al Rey, la, art. 62.*b)*.
Fecha de las elecciones, artículo 115.1.
Generales, art. 99.5.
Gobierno, tras su celebración cesa el, art. 101.1.
Locales, disposición transitoria 3.ª
Municipales, art. 13.2.
Periódicas, art. 23.1.
Régimen electoral, disposición transitoria 8.ª3.
Senado, art. 69.2.

Electores
(Véanse *Elección, Elecciones, Elegibles, Régimen electoral.*)
Españoles, art. 68.5.
Inscritos en el censo correspondiente, art. 152.2
Provincia, referéndum de ratificación de la iniciativa del proceso autonómico, de cada, art. 151.1.

Elegibles
(Véanse *Elección, Elecciones, Electores.*)
Españoles que estén en pleno uso de sus derechos políticos, art. 68.5.

Embajadores, art. 63.1.

Emigración, art. 149.1.2.ª
(Véase *Trabajadores españoles en el extranjero.*)

Emigrantes
(Véanse *Emigración, Trabajadores españoles en el extranjero.*)

Empleos
Civiles y militares, art. 62.*f)*.

Empresa
(Véanse *Economía de mercado, Empresarios, Libertad de empresa.*)
Intervención, art. 128.2.
Participación, art. 129.2.
Pública.
(Véase *Iniciativa pública en la actividad económica.*)

Empresarios
(Véanse *Economía de mercado, Empresa, Libertad de empresa.*)
Medidas en caso de conflicto colectivo, art. 37.2.
Negociación colectiva laboral, art. 37.1.

Energía, art. 149.1.22.ª

Enmienda
Aumento de los créditos o disminución de los ingresos presupuestarios, que suponga, art. 134.6.
Delegación legislativa, art. 84.
Modificación de créditos para satisfacer el pago de intereses y capital de la Deuda Pública del Estado, o, art. 135.2.
Presupuestos Generales del Estado, de los, art. 134.1.

Enseñanza
(Véanse *Educación, Libertad de enseñanza.*)
Básica, art. 27.4.
Constitucional, art. 9.1.
Formación religiosa, art. 27.3.
Planificación y participación en la misma, art. 27.5.

Enseñas propias de las Comunidades Autónomas, art. 4.2.

Entes Públicos, art. 47.

Entidad
Local, art. 141.1.
Regional histórica, art. 143.1.

Equidad, art. 31.2.

Error judicial, art. 121.

Escudo
(Véase *Bandera de España.*)

Espacio aéreo, art. 149.1.20.ª

España
(Véanse *Español, Españoles.*)
Atentado grave al interés de España, art. 155.1.
Bandera, art. 4.1 y 2.
Citada en los artículos 10.2, 11.3, 13.1, 13.4, 19, 46, 57.3, 63.1, 68.5, 96.1 y 123.1.
Derecho y deber de defenderla, art. 30.1.
Independencia, art. 8.1.
Indisoluble unidad de la Nación española, art. 2.
Lenguas se publica el texto oficial de la Constitución, en sus, disposición final.
Modalidades lingüísticas, artículo 3.3.
Protección a sus pueblos, preámbulo.
Régimen político, art. 1.1.
Soberanía, art. 8.1.

Español
(Véanse *España, Españoles.*)
Origen, de, art. 11.2.
Requisito para ejercer la Regencia, art. 59.4.
Requisito para ser tutor del Rey, art. 60.1.

Españoles
(Véanse *España, Español.*)
Citados en el Preámbulo y en los artículos 2, 13.2, 19, 29.1, 30.1, 35.1 y 47.
Deber de conocer la lengua oficial del Estado, art. 3.1.
Derechos y obligaciones en cualquier parte del territorio del Estado, tienen los mismos, art. 139.1.
Electores y elegibles, art. 68.5.
Extranjero: derechos económicos y sociales, en el, art. 42.
Sufragio, art. 68.5.
Extranjeros, y, capítulo I, título I.
Igualdad, art. 149.1.1.ª
Igualdad ante la ley, art. 14.
Mayoría de edad, art. 12.
Naturalización, art. 11.3.
Nivel de vida, art. 130.1.
Obligaciones militares, art. 30.2.
Principio de solidaridad, artículo 156.1.

Especulación, art. 47.

Estabilidad económica, art. 40.1.

Estadística para fines estatales, art. 149.1.31.ª

Estado
(Véase *Estados.*)
Aconfesionalidad, art. 16.3.
Actividades es el fin de la provincia, el cumplimiento de sus, art. 141.1.

Administración del Estado, órganos de la, art. 103.2.
Administración en el territorio de la Comunidad Autónoma, dirección de la, art. 154.
Alarma, de, art. 116.1, 2, 5 y 6.
Asuntos de, art. 62.*g)*.
Autoridades del Estado están obligadas a dar información y ayuda a las Cámaras, las, art. 109.
Capital del Estado, art. 5.
Civil, art. 39.2.
Competencias exclusivas, artículo 149.1.
Comunidades Autónomas: colaboración financiera con ellas, art. 157.3.
  Conflictos de competencia con ellas, art. 161.1.*c)*.
  Formas de control en caso de transferencia o delegación de materias de titularidad estatal, art. 150.2.
  Delegados o colaboradores en materia tributaria, artículo 156.2.
  Impuestos, art. 157.1.*a)*.
  Representación ordinaria en la Comunidad corresponde al Presidente del Consejo de Gobierno, la, art. 152.1.
  Transferencia o delegación de facultades de titularidad estatal, art. 150.2.
Consejo de, art. 153.*b)*.
Derecho, Preámbulo, de.
Español, forma política, artículo 1.3.
Estatutos de Autonomía: las materias no asumidas en los Estatutos corresponde al Estado, art. 149.3.
Excepción, de, art. 116.3.
  Suspensión de derechos, artículo 55.1.
Gastos de los Presupuestos, de, art. 135.2.
Gobierno, su defensa la dirige el, art. 97.
Indemnización por error judicial o por funcionamiento anormal de la Administración de Justicia, art. 121.
Ingresos y recursos de las Comunidades Autónomas, participación en sus, art. 157.1.*a)*.
Instituciones básicas y Decretos-leyes, art. 86.1.
Integridad territorial, art. 94.1.*c)*.
Jefe del Estado.
(Véase *Rey*.)
Jurisdicción militar, art. 117.5.
  Régimen jurídico, art. 116.4, 5 y 6.
  Regulación por ley orgánica, su, art. 116.1.
  Suspensión de derechos, artículo 55.1.
Lengua oficial, art. 3.1.
Medios de comunicación social que de él dependen, los, art. 20.3.
Organizado territorialmente en municipios, provincias y Comunidades Autónomas, artículo 137.
Patrimonio regulado por ley, su, art. 132.3.
Planifica la actividad económica mediante ley, art. 131.1.
Poderes emanan del pueblo, sus, art. 1.2.
Potestad legislativa es ejercida por las Cortes Generales, la, art. 66.2.
Presupuestos Generales y recursos de las Comunidades Autónomas, asignación de los, art. 157.1.*c)*.
Representación, art. 56.1.
Seguridad del Estado, delito contra la, art. 102.2.
Seguridad y defensa, art 105 *b)*.
Sitio, de, art. 116.4.
Social y democrático de Derecho, art. 1.1.
Territorio del Estado, art. 139.1.

Tratados de doble nacionalidad, art. 11.3.
Tratados y convenios, art. 94.1.
Tribunal de Cuentas, fiscalización por el, art. 136.1.
Tributos, potestad originaria de establecer, art. 133.1.

Estados del artículo 116

Funcionamiento de los poderes del Estado, art. 116.5.
Principio de responsabilidad del Gobierno y sus agentes, art. 116.5.
Reforma constitucional, artículo 169.

Estatuto

(Véase *Estatutos.*)
Autonomía: actualización del régimen foral, de, disposición adicional 1.ª
Aprobación, art. 81.1.
Aprobación del proyecto en cada provincia, art. 151.2.4.º
Asamblea de Parlamentarios, proyecto aprobado por la, art. 151.2.1.º
Banderas y enseñas propias de las Comunidades Autónomas, reconocen las, artículo 4.2.
Circunscripciones territoriales propias, art. 152.3.
Colaboradores o delegados del Estado, art. 156.2.
Comunidad Autónoma en las provincias que hayan aprobado el proyecto, constitución de la, art. 151.3.
Contenido necesario, artículos 147.2 y 152.1.
Convenios, art. 145.2.
Diferencias no pueden implicar en ningún caso privilegios económicos o sociales, las, art. 138.2.
Elaboración del proyecto, artículo 146.
Elaboración especial, artículo 151.2.
Elecciones Senadores, art. 69.5.
Materias que la Constitución no atribuye expresamente al Estado, pueden atribuir a las Comunidades Autónomas, art. 149.3.
Modificación, art. 152.2.
Norma institucional básica de cada Comunidad Autónoma y el Estado, art. 147.1.
Organismos provisionales autonómicos, disposición transitoria 7.ª *a).*
Organización de las demarcaciones judiciales del territorio, art. 152.1.
Organización institucional autonómica, art. 152.1.
Policías de las Comunidades Autónomas, art. 149.1.29.ª
Procedimiento para la constitución de una Comunidad Autónoma, arts. 143.1, 144, 151 y disposición transitoria 2.ª
Proyecto tramitado como proyecto de ley ante las Cortes Generales, art. 151.2.5.º
Proyectos en los territorios que en el pasado hubiesen plebiscitado afirmativamente, disposición transitoria 2.ª
Ratificación por los Plenos de las Cámaras, art. 151.2.4.º
Reforma, arts. 147.3 y 148.2.
Remisión de varios proyectos a la Comisión de Constitución del Congreso, disposición transitoria 6.ª
Sometidos a referéndum del cuerpo electoral en las provincias afectadas, art. 151.2.2.º, 3.º y 5.º
Territorios que no estén integrados en la organización

provincial, pueden autorizarlos o acordarlos las Cortes Generales, mediante ley orgánica y por motivos de interés nacional, para, artículo 144.*b)*.
Tramitación como Ley, artículos 146 y 151.2.
Consejo General del Poder Judicial, se determinará en la ley orgánica del poder judicial, del, art. 122.2.
Orgánico del Ministerio Fiscal, se regulará por ley, art. 124.3.
Trabajadores, de los, art. 35.2.

Estatutos
(Véase *Estatuto.*)
Fuerzas y Cuerpos de Seguridad, art. 104.2.
Funcionarios públicos, de los, art. 103.3.
Jurídico de los jueces y los Magistrados, art. 122.1.
Miembros del Gobierno, de los, art. 98.4.
Miembros del Tribunal Constitucional, de los, art. 165.
Personal de las Cortes Generales, del, art. 72.1.

Exclusividad jurisdiccional, art. 117.3.

Exención
Fiscal.
(Véase *Beneficio fiscal.*)
Servicio militar obligatorio, del, art. 30.2.

Explosivos, art. 149.1.26.ª

Exposición de motivos, artículo 88.

Expropiación
(Véase *Confiscación.*)
Forzosa, art. 149.1.18.ª
Privación de bienes y derechos, art. 33.3.

Extradición, art. 13.3.
Delitos políticos, art. 13.3.

Extranjería, art. 149.1.2.º (Véanse *Ciudadano de otros países, Derecho de asilo, Extranjeros.*)

Extranjeros
(Véanse *Ciudadano de otros países, Derecho de asilo.*)
Libertades públicas, art. 13.1.

F

Fallecimiento del Presidente del Gobierno, art. 101.1.

Fallo
Condenatorio, art. 25.2.
Constitución, que depende de una norma que puede ser contraria a la, art. 163.
Sentencia del Tribunal Constitucional, de la, art. 164.2.

Familia, art. 39.1.
(Véanse *Derecho a la intimidad familiar, Derecho a remuneración suficiente.*)
Real, art. 65.1.

Fauna
(Véanse *Medio Ambiente, Recursos Naturales.*)

Federación de Comunidades Autónomas, art. 145.1.

Ferias interiores, art. 148.1.12.ª

Ferrocarriles, arts. 148.1.5.ª y 149.1.21.ª

Filiación, art. 39.2.

Financiación, art. 156.1.

Firmas acreditadas
Se precisan al menos 500.000 para el ejercicio de iniciativa popular, art. 87.3.

Fiscal
(Véanse *Carrera fiscal, Fiscales, Ministerio Fiscal.*)
General del Estado, art. 124.4.

Fiscales
(Véanse *Fiscal, Ministerio Fiscal.*)
Asociación profesional, art. 127.1.
En activo, arts. 70.1.*d)* y 127.1.
Tribunal Constitucional, miembros del, art. 169.2.

Flagrante delito
Detención de Diputados y Senadores, art. 71.2.
Domicilio, art. 18.2.

Fomento
(Véanse *Poderes públicos, Promoción.*)
Consumidores y usuarios, artículo 51.2.
Cultura de la Comunidad Autónoma, de la, art. 148.1.17.ª
Desarrollo económico de la Comunidad Autónoma, del, artículo 148.1.13.ª
Educación sanitaria, art. 43.3.
Enseñanza de la lengua de la Comunidad Autónoma, de la, art. 148.1.17.ª
Formación y readaptación profesionales, art. 40.2.
Investigación, de la, art. 148.1.17.ª
Investigación científica y técnica, de la, art. 149.1.15.ª

Fondo de Compensación Interterritorial, arts. 157.1.*c)* y 158.2.
Transferencias, art. 157.1.*c).*

Fondos públicos
Centros docentes sostenidos por la Administración, art. 27.7.

Forma
Política del Estado español, artículo 1.3.

Formación
Moral, art. 27.3.
Religiosa, art. 27.3.
Voluntad popular, partidos políticos, de la, art. 6.
Y readaptación profesionales, art. 40.2.

Formentera-Ibiza, art. 69.3.

Fuentes del Derecho, art. 149.1.8.ª
(Véanse *Ley, Leyes, Ley Orgánica.*)

Fuero
Españoles de 17 de julio de 1945, de los, disposición derogatoria.
Trabajo de 9 de marzo de 1938, del, disposición derogatoria.

Fuerteventura, art. 69.3.

Fuerza
Ley: declaración de inconstitucionalidad de las normas que la tengan, de, art. 164.1.
  Disposiciones de las Comunidades Autónomas que la tienen y control de constitucionalidad por el Tribunal Constitucional, art. 153.*a).*
  Recurso de inconstitucionalidad, art. 161.1.*a).*
Mayor: excluye el derecho a ser indemnizado, art. 106.2.

Vinculante: de los convenios laborales, garantizada por la ley, art. 37.1.

Fuerzas

Armadas, art. 8.1.
  Competencia exclusiva del Estado, art. 149.1.4.ª
  Derecho de petición individual, art. 29.2.
  Límites a la libertad de sindicación, art. 28.1.
  Mando supremo corresponde al Rey, el, art. 62.*h)*.
Seguridad, de, art. 104.
  Miembros, art. 70.1.*e)*.

Función

Ejecutiva, art. 97.
Pública, art. 168.8.
  Representativa, art. 98.3.
Social: de la herencia, art. 33.2.
  Propiedad privada, de la, artículo 33.2.

Funcionamiento

(Véanse *Función, Funciones.*)
Anormal de la Administración de Justicia, art. 121.
Cámaras y estados de alarma, excepción o de sitio, de las, art. 116.5.
Colegios profesionales, de los, art. 36.
Instituciones, de las, art. 56.1.
Juzgados y Tribunales, de los, art. 122.1.
Organizaciones profesionales, de las, art. 52.
Partidos políticos, de los, artículo 6.
Poderes constitucionales del Estado, de los, art. 116.5.
Servicios esenciales de la Comunidad, de los, art. 37.2.
Servicios públicos, de los, artículo 106.2.
Sindicatos, de los, art. 7.
Tribunal Constitucional, del, artículo 165.
Tribunales, de los, art. 117.5.

Funcionarios

(Véanse *Funciones públicas, Incompatibilidades.*)
Información ante las Cámaras y sus Comisiones a solicitud del titular de sus Departamentos, art. 110.2.
Públicos, art. 103.3.
  Derecho a sindicarse, artículo 28.1.
  Tribunal Constitucional, miembros del, art. 159.2.
Régimen estatutario, el, artículo 149.1.18.ª

Funciones

(Véanse *Función, Funcionamiento.*)
Administración del Estado sobre las Corporaciones Locales, que corresponden a la, art. 148.1.2.ª
Administrativas, del Consejo de Gobierno, art. 152.1.
Cámaras, de las, art. 67.3 y disposición transitoria 8.ª1.
Consejo de planificación, del, art. 131.2.
Consejo General del Poder Judicial, del, art. 122.2.
Constitucionales, Reina consorte o consorte de la Reina, artículo 58.
Corporaciones locales, de las, art. 142.
Delegadas en las Comunidades Autónomas, art. 153.*b)*.
Directivas: en un partido político, art. 159.4.
  Sindicato, en un, art. 159.4.
Ejecutivas del Consejo de Gobierno, art. 152.1.
Fuerzas y Cuerpos de Seguridad, art. 104.2.

Funcionarios públicos, de los, art. 103.3.
Gobierno, de, art. 101.2.
Juzgados y Tribunales, de, artículo 117.4.
Miembros del Gobierno, de los demás, art. 98.2.
Ministerio Fiscal, del, art. 124.2.
Parlamentario, de, art. 67.3.
Policía judicial, de la, artículo 126.
Presidente del Gobierno, del, disposición transitoria 8.ª2.
Públicas, art. 23.2.
Públicas derivadas de su cargo, art. 98.3.
Regente o Regentes, del, artículo 61.2.
Representativas propias del mandato parlamentario, art. 98.3.
Rey, del, art. 56.1.
  Juramento, art. 61.1.
Tribunal de Cuentas, del, artículo 136.1 y 4.

Fundación, art. 34.

G

Ganadería, arts. 130.1 y 148.1.7.ª

Gasto público
Finalidad, art. 31.2.
Presupuestos Generales del Estado y aumento del mismo, art. 134.2 y 5.

Gastos
Administraciones públicas sólo pueden contraerlos de acuerdo con las leyes, las, artículo 133.4.
Ingresos del sector público estatal, de, art. 134.2.
Inversión, de, art. 158.2.
Presupuestos, de los, art. 135.2.
Públicos, sostenimiento, artículo 31.1.

Gobierno, Título IV.
(Véanse *Administración, Consejo de Ministros, Departamentos ministeriales* y *Presidente del Gobierno.*)
Administración autónoma de las provincias, art. 141.2.
Asamblea de Parlamentarios, convoca a la, art. 151.2.1.º
Atribuciones, art. 97.
Cámaras: información y ayuda que éstas precisen, art. 109.
  Interpelaciones y preguntas, art. 111.1.
  Peticiones, art. 77.2.
  Sesiones extraordinarias de éstas, art. 73.2.
Cesante, art. 101.2.
Cese, art. 101.1.
Competencias, art. 97.
Composición, art. 98.1.
Comunidades Autónomas: adopción de medidas en ellas, art. 155.1.
  Asambleas de las Comunidades Autónomas, art. 87.2.
  Control del ejercicio de las funciones delegadas en éstas, art. 153.*b).*
  Instrucciones a las autoridades de éstas para la ejecución de las medidas del artículo 155.1, art. 155.2.
Consejo de Estado, art. 107.
Cortes Generales, art. 66.2.
  Delegan en el Gobierno la facultad de dictar normas con rango de ley, art. 82.1.
Decretos legislativos, art. 85.
Decretos-leyes, art. 86.1.
Delegación legislativa, condiciones de la, art. 82.3.
Delegado del Gobierno, nombra, art. 154.

Deuda Pública, emitir, artículo 135.1.
Dimisión, art. 114.1 y 2.
Estado de alarma, art. 116.2.
Estado de excepción, artículo 116.3.
Estado de sitio, art. 116.4.
Estatuto de Autonomía, proyecto de, art. 151.2.1.º
Fiscal General del Estado, artículo 124.4.
Fuerzas y Cuerpos de Seguridad, art. 104.1.
Funciones, en, art. 101.2.
Iniciativa legislativa, art. 87.1.
Juzgados y Tribunales, de los, art. 122.1.
Legislación delegada, art. 85.
Ley, puede declarar la urgencia de una, art. 90.3.
Miembros: acceso a las sesiones de las Cámaras y a las Comisiones, art. 110.2.
  Elección al Congreso y al Senado, art. 70.1.*b)*.
  Estatuto e incompatibilidades, regulados por ley, artículo 98.4.
  Excepción al régimen de inelegibilidad e incompatibilidad de los altos cargos de la Administración, art. 70.1.*b)*.
  Funciones que no pueden ejercer, art. 98.3.
  Nombramiento, art. 62.*e)*.
  Nombramiento a propuesta del Presidente, art. 100.
  Presentación ante las Cámaras a reclamación de éstas, artículo 110.1.
  Responsabilidad criminal, artículo 102.1.
Moción de censura, art. 113.2.
Municipios, de los, art. 140.
Nuevo: su Presidente expone su programa político ante el Congreso de los Diputados, artículo 99.2.
  Toma de posesión del mismo, art. 101.2.
Presidente: designación, artículo 114.1.
  Dirige la acción del Gobierno, art. 98.2.
  Disolución del Congreso, el Senado o las Cortes Generales, art. 115.1.
  Nombramiento, art. 62.*d)*.
  Recurso de inconstitucionalidad, art. 161.1.*a)*.
  Rey, nombramiento por el, art. 114.2.
  Rey, refrenda los actos del, art. 64.1.
  Rey que presida las sesiones del Consejo de Ministros, puede pedir al, art. 62.*g)*.
  Solicitud de confianza al Congreso, art. 99.2.
Presupuestos Generales del Estado, art. 134.1 y 3.
Proposición o enmienda que suponga aumento de los créditos o disminución de los ingresos presupuestarios, art. 134.6.
Proposición de ley o enmienda, art. 84.
Proyectos de ley que impliquen aumento de gasto público o disminución de los ingresos correspondientes al mismo ejercicio presupuestario, una vez aprobados los Presupuestos Generales del Estado, podrá presentar, art. 134.5.
Proyectos de planificación, elabora los, art. 131.2.
Referéndum, autorización, artículos 92.2 y 149.1.32.ª
Responsabilidad no se modifica por la declaración de los estados del artículo 116, su, artículo 116.6.

Responsabilidad política, artículo 113.1.
Responsabilidad solidaria por su gestión ante el Congreso de los Diputados, art. 108.

Gomera, art. 69.3.

Grabaciones, art. 20.5.

Gracia
(Véase *Derecho de gracia.*)

Gran Canaria, art. 69.3.

Gratuidad
Enseñanza básica, art. 27.4.
Justicia, de la, art. 119.

Grave riesgo, art. 30.4.

Grupos
Individuos, en que se integran los, art. 9.2.
Parlamentarios, art. 78.1.
Políticos, art. 20.3.
Políticos con representación parlamentaria art. 99.1.
Sociales, art. 20.3.

Guerra
Declaración, art. 63.3.
Pena de muerte en tiempos de guerra, art. 15.
Tiempo de guerra no se puede iniciar la reforma constitucional, en, art. 169.

Guipúzcoa
Derogación definitiva de la Ley de 25 de octubre de 1939, disposición derogatoria 2.

H

Habeas corpus, art. 17.4.

Hacienda
(Véase *Haciendas locales.*)
Comunidades Autónomas, de las. (Véase *Autonomía financiera de las Comunidades Autónomas.*)
Estatal, art. 156.1.
General, art. 149.1.14.ª
Municipal.
(Véase *Haciendas Locales.*)
Pública, art. 94.1.*d).*

Haciendas locales, art. 142.
(Véase *Hacienda.*)

Hechos
Esclarecimiento de los mismos, art. 17.2.
Presuntamente delictivos, artículo 24.2.

Herencia, art. 33.1.

Hierro, art. 69.3.

Higiene
Comunidades Autónomas podrán asumir competencia en esta materia, las, art. 148.1.21.ª
Trabajo, seguridad e higiene, en el, art. 40.2.

Hijos
Igualdad ante la ley, art. 39.2.
Matrimonio, habidos dentro o fuera del, art. 39.3.
Padres, asistencia de los, artículo 39.3.
Padres, derechos de los, artículo 27.3.

Honor
(Véanse *Honores, Tribunales de Honor.*)
Derecho al honor, art. 20.4.
Informática, art. 18.4.

Honores, art. 62.*f).*
(Véase *Honor.*)

Hora oficial, art. 149.1.12.ª

Huelga, art. 28.2.
(Véase *Derecho de los trabajadores a adoptar medidas de conflicto colectivo.*)
Derecho de los trabajadores a la huelga, art. 28.2.

I

Iberoamérica
(Véase *Países iberoamericanos.*)

Ibiza-Formentera, art. 69.3.

Ideas, art. 20.1.*a).*
(Véase *Ideología.*)

Identidad histórica, art. 147.2.*a).*

Ideología
(Véase *Ideas.*)
Libertad ideológica, art. 16.1.
Nadie puede ser obligado a declarar sobre su ideología, artículo 16.2.

Iglesia Católica
Relaciones de cooperación de los poderes públicos con, artículo 16.3.

Igualdad
(Véase *Principio de igualdad.*)
Españoles ante la ley, de los, art. 14.
Españoles en el ejercicio de los derechos y cumplimiento de los deberes constitucionales, de todos los, art. 149.1.1.ª
Funciones y cargos públicos, acceso, art. 23.2.
Hijos ante la ley, de los, artículo 39.2.
Hombre y la mujer en el matrimonio, jurídica del, art. 32.1.
Individuo, del, art. 9.2.
Tributario, sistema, art. 31.1.
Valor supremo del ordenamiento jurídico español, como, artículo 1.1.

Iluminación de costas, art. 149.1.20.ª

Imagen, arts. 18.1 y 20.4.

Imparcialidad
(Véase *Principio de imparcialidad.*)
Funcionarios públicos, art. 103.3.
Ministerio Fiscal, art. 124.2.

Imperio de la ley
Estado de Derecho, asegurado por un, preámbulo.
Jueces y Magistrados, art. 117.1.

Imposición
(Véanse *Impuestos, Tributos.*)

Imprescriptibilidad, art. 132.1.

Impuestos
(Véanse *Beneficio fiscal, Sistema Tributario, Tributos, Tasas.*)
Comunidades Autónomas, de las, art. 157.1.*b).*
Estado a las Comunidades Autónomas, cedidos total o parcialmente por el, art. 157.1.*a).*

Inalienabilidad, art. 132.1.

Inamovilidad
Jueces, art. 117.1 y 2.
Magistrados, art. 117.1 y 2.
Miembros del Tribunal Constitucional, de los, art. 159.5.
Miembros del Tribunal de Cuentas, art. 136.3.

Incompatibilidad
(Véase *Incompatibilidades.*)
Congreso y el Senado o al Congreso y a una Asamblea de Comunidad Autónoma, entre pertenencia al, art. 67.1.
Diputados y senadores, art. 70.1.
Tutela real y cargo o representación política, entre ejercicio de la, art. 30.2.

Incompatibilidades
(Véase *Incompatibilidad.*)
Funcionarios públicos, de los, art. 103.3.
Jueces, magistrados y fiscales, de, art. 127.
Miembros, de:
Consejo General del Poder Judicial, art. 122.2.
Gobierno, del, art. 98.4.
Poder Judicial, art. 159.4.
Tribunal de Cuentas, del, artículo 136.3.

Inconstitucionalidad
(Véanse *Recurso de inconstitucionalidad, Recurso previo de constitucionalidad, Tribunal Constitucional.*)
Cuestión de inconstitucionalidad, art. 163.
Ley y sus efectos, de una, artículo 164.1.
Norma jurídica y efectos, de una, art. 161.1.*a).*
Parte de la ley no afectada por la declaración, la, art. 164.2.

Inculpación
Diputados, de, art. 71.2.
Senadores, de, art. 71.2.

Indefensión, art. 24.1.

Indelegabilidad
(Véase *Subdelegación.*)
Del voto de Senadores y Diputados, art. 79.3.

Indemnización
Derecho de los particulares a ser indemnizados, art. 106.2.
Error judicial o cuando sean consecuencia del funcionamiento anormal de la Administración de Justicia, art. 121.
Privación de bienes y derechos, art. 33.3.

Independencia
De España, art. 8.1.
Jueces y Magistrados, de, artículo 117.1.
Miembros, de:
Poder Judicial, del, art. 127.2.
Tribunal Constitucional, del, art. 159.5.
Tribunal de Cuentas, del, artículo 136.3.
Poder Judicial, del, art. 152.1.
Comunidades Autónomas en que tienen sede más de una Audiencia Territorial, en las, disposición adicional 4.ª
Tribunales, al Ministerio Fiscal le corresponde velar por la misma, desde los, art. 124.1.

Indisoluble unidad de la Nación española, art. 2.

Individuo, arts. 9.2 y 16.1.

Indulto, art. 62.*i).*
(Véanse *Derecho de gracia, Prerrogativa real de gracia.*)
Particular, arts. 87.3 y 102.3.

Inelegibilidad
Diputados y senadores, art. 70.1.
Según el artículo 115, caso de disolución, disposición transitoria 8.ª3.

Inembargabilidad, art. 132.1.

Infancia, art. 20.4.

Información
Cámaras pueden recabar a través de sus Presidentes, que las, art. 109.
Consumidores y usuarios, artículo 51.2.
Derecho, a la, art. 20.1.*d)*.
Derecho a la de la acusación formulada, art. 24.2.
Funcionarios de sus Departamentos ante las Cámaras o sus Comisiones podrá ser solicitada por los miembros del Gobierno, de los, art. 110.2.
Secuestro, art. 20.5.
Veraz, art. 20.1.*d)*.

Informática
Limitaciones, art. 18.4.

Infracción
(Véase *Delito.*)
Administrativa: sanción, artículo 25.1.

Ingresos
Derecho privado, de, art. 157.1.*d)*.
Estado, del, art. 157.1.*a)*.
Presupuestarios, 134.5 y 6.
Sector Público estatal, del, artículo 134.2.

Inhabilitación del Rey, art. 59.2.

Inhumano, art. 15.

Iniciativa
Autonómica, en el proceso:
Ciudades de Ceuta y Melilla, con arreglo a lo dispuesto en lo, disposición transitoria 5.ª
Corporaciones Locales diferida a la celebración de elecciones locales, por, disposición transitoria 3.ª
Cortes Generales, sustituyendo la iniciativa de las Corporaciones Locales del artículo 143.2, por las, artículo 144.*c)*.
Extraordinaria, art. 151.
Ordinaria, art. 143.2 y 3.
Órgano foral de Navarra, con arreglo a lo dispuesto en la disposición transitoria 4.ª1 y 2.
Regímenes provisionales de Autonomía en las circunstancias previstas en la disposición transitoria 2.ª
Corresponde a:
Comunidades Autónomas, artículo 87.2.
Congreso, Gobierno y Senado, art. 87.1.
Proyectos de ley, prioridad debida, art. 89.1.
Legislativa, art. 87.
Legislativa popular, art. 87.3.
Privada.
(Véase *Libertad de empresa.*)
Pública en la actividad económica, art. 128.2.
Reforma constitucional, de la, art. 166.
No es posible a través de iniciativa popular, art. 87.3.
Supuestos en que no procede, art. 169.

Inmigración, art. 149.1.2.ª

Inmunidad, art. 71.2.

Inocencia, art. 24.2.

Instalaciones, eléctricas art. 148.1. 22.ª

Instancias procesales, art. 152.1.

Institución internacional, artículo 93.
(Véase *Instituciones.*)

Instituciones
(Véase *Institución.*)
Autogobierno, de, art. 148.1.1.ª
Autónomas propias, art. 147.2.*c).*
Básicas del Estado, art. 86.1.
Españoles y de los pueblos de España, preámbulo.
Jefe del Estado arbitra y modera su funcionamiento regular, el, art. 56.1.

Institutos armados
Derecho de petición individual, art. 29.2.
Límites a la libertad de sindicación, art. 28.1.

Insuficiencia de recursos, artículo 119.

Integridad, art. 15.

Integridad territorial
España, de, art. 8.1.
Estado, del, art. 94.1.*c).*

Interdicción de la arbitrariedad de los poderes públicos
Está garantizada por la Constitución, art. 9.3.

Interés
(Véanse *Intereses, Interesados.*)
General:
Aeropuertos de, art. 149.1.20.ª
Derecho de fundación para fines de, art. 34.1.
España, de, art. 155.1.
Intervención de empresas, artículo 128.2.
Investigación científica y técnica, promoción de la, artículo 44.2.
Leyes de principios necesarios para armonizar las disposiciones normativas de las Comunidades Autónomas, art. 150.3.
Obras públicas, art. 149.1.24.ª
Puertos, art. 149.1.20.ª
Riqueza del país en sus distintas formas y sea cual fuere su titularidad está a aquél subordinada, toda la, art. 128.1.
Servicio civil para el cumplimiento de fines de, art. 30.3.
Utilización, del suelo, art. 47.
Legítimo, art. 162.1.*b).*
Nacional, art. 144.
Público: Comisiones de Investigación de las Cámaras, artículo 76.1.
Tutelado por la Ley, art. 124.1.
Social, art. 124.1.
Privación de bienes y derechos, art. 33.3.

Interesados
(Véanse *Interés, Intereses.*)
Actividad de los organismos públicos cuya función afecte directamente a la calidad de vida o al bienestar social, en la, art. 129.1.
Audiencia al interesado, artículo 105.*c).*
Seguridad Social, en la, artículo 129.1.
Solicitar la actuación del Ministerio Fiscal, pueden, artículo 124.1.

Intereses
De España, art. 57.3.
Del Municipio, la Provincia y las Comunidades Autónomas, art. 137.
Deuda Pública del Estado, pago de los, de la, art. 135.2.
Económicos, consumidores y usuarios, art. 51.1.

Generales, art. 103.1.
Legítimos, art. 24.1.
Organizaciones profesionales, de las, art. 52.
Asociaciones empresariales, de las, art. 7.
Sindicatos de trabajadores, de los, art. 7.
Trabajadores, de los, art. 28.2.

Internacional
(Véase *Tratados internacionales.*)
Iniciativa popular, art. 87.3.

Interpelación
Gobierno y sus miembros, al, art. 111.1.
Moción en que la Cámara manifieste su posición, artículo 111.2.

Interposición
Del veto, art. 90.2.
Recurso de amparo, del, artículo 162.1.*b)*.
Recurso de inconstitucionalidad, del, art. 161.1.*a)*.

Interpretación
De derechos fundamentales y libertades, art. 10.2.
Jurisprudencial, art. 161.1.*a)*.

Intervención
Empresas, de, art. 128.2.
Gobierno, del.
(Véase *Medidas del Gobierno.*)
Judicial, art. 55.2.

Intimidad
Acceso de los ciudadanos a los registros y archivos administrativos, art. 105.*b)*.
Derecho a la, art. 20.4.
Personal y familiar, art. 18.1 y 4.

Investidura del Presidente del Gobierno
Denegación de confianza, artículo 99.4.
Moción de censura, art. 114.2.
Procedimiento, art. 99.1, 2 y 3.

Investigación
Bandas armadas, art. 55.2.
Científica, arts. 44.2 y 149.1.15.ª
Comisiones de Investigación de las Cámaras, de las, art. 76.1.
Comunidades Autónomas, de las, art. 148.1.17.ª
Paternidad, de la, art. 39.2.
Técnica, arts. 44.2 y 149.1.15.ª

Inviolabilidad
Cortes Generales, de las, artículo 66.3.
Derechos que son inherentes a la persona, de los, art. 10.1.
Diputados y senadores, de, artículo 71.1.
Domicilio, del, art. 18.2.
Rey, de la persona del, artículo 56.3.

Irretroactividad
Leyes de bases, art. 83.*b)*.
Principio de, art. 9.3.

Isla
(Véase *Islas.*)
Cabildo o Consejo Insular, con, art. 69.3.
Censo electoral e iniciativa del proceso autonómico, artículo 143.2.

Islas, art. 141.4.

J

Jefe del Estado
(Véase *Rey.*)

Funciones, art. 56.1.

Jerarquía
Normativa, art. 9.3.
Principio de dependencia jerárquica, art. 103.1.

Jornada laboral, art. 40.2.

Juan Carlos I de Borbón, artículo 57.1.

Jubilación
Jueces y Magistrados, art. 117.2.

Jueces
(Véanse *Juez Ordinario, Justicia, Jurado, Juzgados, Juzgar, Magistrados.*)
Administran justicia en nombre del Rey, art. 117.1.
Asociación profesional, artículo 127.1.
Características, art. 117.1.
Cargos públicos y pertenencia a partidos políticos o sindicatos, art. 127.1.
Consejo General del Poder Judicial, nombrados por el Rey, art. 122.3.
Cuerpo único, art. 122.1.
Error judicial, art. 121.
Estatuto jurídico, art. 122.1.
Incompatibilidades, art. 127.2.
Inelegibilidad e incompatibilidad, art. 70.1.*d).*
Miembros del Tribunal de Cuentas, art. 136.3.
Poder judicial, art. 117.1.
Policía judicial, art. 126.
Sentencias y resoluciones firmes, art. 118.
Separación, suspensión, traslado y jubilación, art. 117.2.
Tutela efectiva de los jueces y tribunales, art. 24.1.

Juez ordinario, art. 24.2.

Juntas electorales, art. 70.1.*f).*

Jurado, art. 125.

Juramento
Príncipe Heredero, del, art. 61.2.
Regente o Regentes, del, artículo 61.2.
Rey, del, art. 61.1.

Jurisdicción
Contencioso-administrativa y Administración autónoma, artículo 153.*c).*
Militar, art. 117.5.
Ordinaria, art. 53.3.
Plena, art. 117.3.
Tribunal Constitucional, del, art. 161.1.
Tribunal de Cuentas, del, artículo 136.2.
Tribunal Superior de Justicia, del, art. 152.1.
Tribunal Supremo, del, artículo 123.1.

Jurisprudencia, art. 161.1.*a).*

Juristas de reconocida competencia con más de quince años de ejercicio profesional
Miembros del Consejo General del Poder Judicial, art. 122.3.
Miembros del Tribunal Constitucional, art. 159.2.

Justicia, preámbulo.
Acción de la, art. 124.1.
Administración de, art. 149.1.5.ª
Daños, art. 121.
Participación en ella de los ciudadanos, art. 125.
Personal, art. 122.1.
Gratuita, art. 119.
Pueblo y se administra en nombre del Rey, emana del, artículo 117.1.

Valor superior del ordenamiento jurídico español, art. 1.1.

Juventud
Participación de la, art. 48.
Protección de la, art. 20.4.

Juzgados
(Véanse *Jueces, Juez, Jurado, Juzgar, Magistrados*).
Competencias, art. 117.4.
Constitución, funcionamiento y gobierno, art. 122.1.
Potestad jurisdiccional, artículo 117.3.
Principio de unidad jurisdiccional, art. 117.5.

Juzgar, art. 117.3.

L

La Palma, art. 69.3.

Lanzarote, art. 69.3.

Legalidad
Actuación administrativa, de la, art. 106.1.
Defensa, art. 124.1.
Principio de legalidad, art. 124.2.
Principio de legalidad sancionadora, art. 25.1.
Principio de legalidad tributaria, arts. 31 y 133.

Legislación
Adecuada, y sociedades cooperativas, art. 129.2.
Básica.
(Véase *Normas básicas.*)
Aprovechamientos forestales, sobre, art 149.1.8.ª
Montes, sobre, art. 149.1.23.ª
Protección del medio ambiente, sobre, art. 149.1.23.ª
Seguridad Social, de la, artículo 149.1.17.ª
Vías pecuarias, sobre, artículo 149.1.23.ª
Civil, art. 149.1.8.ª
Delegada, arts. 82, 83 y 84.
Decretos legislativos, art. 85.
Expropiación forzosa, sobre, artículo 149.1.18.ª
Fuerzas o Institutos armados o Cuerpos sometidos a disciplina militar, específica de, artículo 29.2.
Laboral, art. 149.1.7.ª
Marco.
(Véanse *Legislación básica, Ley marco.*)
Seguridad pública, en materia, art. 149.1.29.ª
Mercantil, art. 149.1.6.ª
Penal, art. 149.1.6.ª
Penitenciaria, art. 149.1.6.ª
Pesas y medidas, sobre, artículo 149.1.12.ª
Positiva, art. 53.3.
Procesal, art. 149.1.6.ª
Productos farmacéuticos, sobre, art. 149.1.16.ª
Propiedad intelectual e industrial, sobre, art. 149.1.9.ª
Recepticia.
(Véase *Legislación delegada.*)
Recursos o aprovechamientos hidráulicos, sobre, art. 149.1.22.ª
Régimen local, sobre, art. 148.1.2.ª
Vigente, art. 25.1 y disposición derogatoria.

Legislatura, art. 68.4.

Legitimación
Recurso de amparo, art. 162.1.*b)*.
Recurso de inconstitucionalidad, art. 162.1.*a)*.

Legitimidad dinástica
Recae sobre S. M. Don Juan Carlos I de Borbón, art. 57.1.

Lengua
(Véase *Lenguas de España.*)
Castellana.
(Véase *Castellano.*)
Comunidad Autónoma, de la, art. 148.1.17.ª
Española, castellano, art. 3.1.

Lenguas
De España, art. 20.3.
Publicación de la Constitución, disposición final.
Españolas, art. 3.2.
Españolas oficiales, en las Comunidades Autónomas, art. 3.2 en relación con el art. 3.1.
Españoles y los pueblos de España, protección, preámbulo.

Lesión
Indemnización, art. 106.2.

Letrado, art. 24.2.
(Véanse *Abogado, Abogados, Derecho a la defensa y asistencia de letrado.*)

Ley
(Véanse *Legislación, Leyes, Normas, Bases.*)

CONCEPTOS BÁSICOS
La Administración Pública actúa con sometimiento pleno a la ley, art. 103.1.
Aplicación, art. 149.1.8.ª
Aprobación, art. 91.
Conflictos de, art. 149.1.8.ª
Disposiciones normativas con fuerza de ley, art. 153.*a)*.
Eficacia, art. 149.1.8.ª
Estatuto de Autonomía, el, art. 151.2.4.º
Estatutos de Autonomía se tramitarán, los, art. 146.
Igualdad ante la, art. 14.
Igualdad ante la ley de los hijos, art. 39.2.
Imperio de la, preámbulo y art. 117.1.
Inconstitucionalidad, arts. 161.1.*a)* y 164.1 y 2.
Norma con rango de ley considerada contraria a la Constitución por un órgano judicial en el proceso, art. 163.
Promulgación, arts. 62.*a)* y 91.
Proyecto de, art. 151.2.5.º
Proyectos de ley del Gobierno y Presupuestos Generales del Estado, art. 134.5.
Respecto a la, art. 10.1.
Creación y ejercicio de la actividad de los partidos políticos, art. 6.
Creación y ejercicio de la actividad de los sindicatos y asociaciones empresariales, art. 7.
Sanción, arts. 62.*a)* y 91.
Tratado o convenio, la modificación o derogación, art. 94.

CLASES O TIPOS DE
Comisiones, de, art. 75.2.
Comunidades Autónomas, de las, art. 153.*a)*.
Convalidación, de, art. 86.2.
De bases, régimen jurídico, artículos 82, 83, 84, 85 y 75.3.
Delegación, de, arts. 75.3, 82, 83, 84 y 85.
Electoral, arts. 70.1 y 2 y 140.
Emisión de la Deuda Pública, art. 135.2.
Estatutos, art. 81.1.
Marco, art. 150.1.
Mayorías especiales, de, art. 79.
Ordinaria, art. 90.1.
Ordinaria de delegación, artículo 82.2.

Orgánica.
(Véase *Leyes orgánicas.*)
Penal, art. 46.
Penal militar, art. 15.
Penitenciaria, art. 25.2.
Potestad jurisdiccional, establece normas de competencia y procedimiento para el ejercicio de la, art. 117.3.
Presupuestos Generales del Estado, de, art. 134.4 y 7.
Principios necesarios para armonizar las disposiciones normativas de las Comunidades Autónomas, que establezca los, art. 150.3.
Procedimiento, de, art. 120.1.
Reforma constitucional, de, artículo 20.4.
Tratados, autorización de, art. 94.
Tributaria sustantiva, art. 134.7.

Leyes

(Véanse *Legislación, Ley, Normas, Bases.*)
De 21 de julio de 1876, disposición derogatoria 2.
Derogadas: Constitutiva de Cortes de 17 de julio de 1942, disposición derogatoria 1.
Orgánica del Estado de 10 de enero de 1967, disposición derogatoria 1.
Principios Fundamentales del Movimiento, de, disposición derogatoria 1.
Referéndum Nacional de 22 de octubre de 1945, de, disposición derogatoria 1.
Reforma Política de 4 de enero de 1977, para la, disposición derogatoria 1.
Sucesión en la Jefatura del Estado, de, disposición derogatoria 1
Orgánicas: concepto y régimen jurídico, arts. 81, 75.3, 79.2 y 161.1.*d)*.
Tipos (propiamente órganos u organización):
De bases de la organización militar, art. 8.2.
De las Fuerzas y Cuerpos de Seguridad, art.104.2.
Del Consejo de Estado, artículo 107.
Del Defensor del Pueblo, art. 54.
Del Poder judicial, artículo 122.1.
Otras menciones, artículos 122.2 y 3, 152.1 y disposición adicional 4.ª
Del Tribunal Constitucional, art. 165.
Recursos y órganos, artículo 162.2.
Del Tribunal de Cuentas, art. 136.4.
Tipos (como procedimiento de aprobación):
Conflictos y formas de colaboración financiera del Estado con las Comunidades Autónomas, artículo 157.3.
Constitución de Comunidades Autónomas por motivos de interés nacional por las Cortes, art. 144.
De aprobación de Estatutos de Autonomía, art. 81.1.
De desarrollo de derechos y libertades públicas, artículo 81.1.
De referéndum, arts. 92.3 y 151.1.
De transferencia o delegación del Estado a las Comunidades Autónomas, art. 150.2.
Para autorizar la celebración de tratados, art. 93.
Para la alteración de los límites provinciales, artículo 141.1.

Para la aprobación de las reformas de los Estatutos de Autonomía, art. 147.3.
Para la constitución de Ceuta y Melilla como Comunidades Autónomas, disposición transitoria 5.ª
Para la resolución de dudas de hecho y derecho en el orden de sucesión a la Corona, art. 57.5.
Policías locales, arts. 148.1. 22.ª y 149.1.29.ª
Reguladora de la elección de senadores, art. 69.2.
Reguladora de la suspensión de derechos reconocidos en los artículos 17.2 y 18.2 y 3, art. 55.2.
Reguladora de las formas de ejercicio de la iniciativa popular, art. 87.3.
Reguladora de los estados de alarma, excepción y sitio, art. 116.1.
Reguladora de proceso especial de autonomía, artículo 151.1 y 3.
Sobre régimen electoral general, art. 81.1.
Señalan, art. 23.2.

Libertad

(Véase *Libertades.*)
Preámbulo.
Cátedra, de, art. 20.1.*c).*
Circulación de las personas, de, arts. 19 y 139.2.
Comercio, de, art. 157.2.
Creación de centros docentes, de, art. 27.6.
Culto, de, art. 16.1 y 2.
Derecho a la libertad, art. 17.1.
Detenido y plazo máximo de setenta y dos horas, para el, art. 17.2.
Difusión de pensamientos, ideas y opiniones, de, art. 20.1.*a).*
Elección de oficio, art. 35.1.
Elección de profesión, de, artículo 35.1.
Empresa, de, art. 38.
Enseñanza, de, art. 27.1.
Establecimiento de personas en todo el territorio español, de, art. 139.2.
Expresión, de, art. 20.1.*a).*
Ideológica, art. 16.1 y 2.
Partidos políticos, de creación de, art. 6.
Pena privativa de, art. 25.2.
Poderes públicos, art. 9.2.
Privación de la, art. 17.1.
Prohibición de sanciones administrativas privativas de la, art. 25.3.
Reconocidas y protegidas, límites, art. 20.4.
Religiosa, art. 16.1 y 2.
Residencia, arts. 19 y 132.2.
Sindicación, de, art. 28.1.
Sindical, arts. 7 y 28.1.
Suspensión del ejercicio de la, art. 55.1.
Valor superior del ordenamiento jurídico, art. 1.1.

Libertades

(Véase *Libertad.*)
Artículo 20.1, del, art. 20.4.
Ciudadanos reguladas en el Título I, de los, art. 86.1.
Del artículo 14 y sección 1.ª del Capítulo II del Título I, artículo 53.2.
Desarrollo, art. 81.1.
Ejercicio, art. 20.1.*d).*
Fundamentales, art. 27.2.
Interpretación, art. 10.2.
Límite, art. 27.2.
Protección, art. 104.1.
Públicas, art. 81.1.
Extranjeros, y, art. 13.1.
Reconocidas en el Capítulo II del Título I, art. 53.1.
Violación, arts. 53.2 y 161.1.*b).*

Limitación
(Véase *Límites.*)
Jornada laboral, de la, artículo 40.2.
Libertades: estados de alarma, excepción o sitio, de, art. 116.1.
Ideológica, religiosa y de culto, art. 16.1.

Límites
(Véase *Limitación.*)
Delegación legislativa, de la, art. 82.1.
Derecho a entrar y salir libremente de España, al, art. 19.
Derechos de propiedad privada y herencia, a los, art. 33.2.
Derechos fundamentales del Capítulo II, a los, art. 25.2.
Informática, al uso de la, artículo 18.4.
Libertad de sindicación, a la, art. 28.1.
Partidos políticos, al ejercicio de la actividad de los, art. 6.
Provinciales, art. 141.1.
Respeto a los derechos reconocidos en el Título I, en el, art. 20.4

Litigio
Gratuidad de la justicia, artículo 119.

Literatura
(Véase *Derecho a la producción literaria.*)

M

Madre del Rey
Regencia, art. 59.1.
Tutor del Rey, art. 60.1.

Madres, art. 39.2.

Madrid, art. 5.

Magistrados
(Véanse *Jueces, Juez, Justicia, Juzgados, Juzgar.*)
Activo, en, art. 70.1.*d).*
Administran justicia, art. 117.1.
Asociación profesional, artículo 127.1.
Características, art. 117.1.
Estatuto jurídico, art. 122.1.
Incompatibilidades, art. 127.1 y 2.
Jueces: miembros del Consejo General del Poder Judicial, y, art. 122.3.
Cuerpo único, art. 122.1.
Errores judiciales, art. 121.
Integran el Poder Judicial, art. 117.1.
Sentencias y resoluciones firmes, art. 118.
Separación, suspensión, traslados y jubilación, art. 117.2.
Tribunal Constitucional, miembros del, art. 159.2.

Majestad, art. 57.1.

Mallorca, art. 69.3.

Mandato
Cámaras: que han aprobado la Constitución, de las, disposición transitoria 8.ª1.
Expiración: competencia de las Diputaciones Permanentes, art. 78.2 y 3.
Congreso: Estados del artículo 116, del, art. 116.5.
Duración, art. 68.4.
Expiración, Diputación Permanente, art. 116.5.
Terminación del, y elecciones, art. 68.6
Constitucional: y regencia, artículo 59.5.
Diputados, de los, arts. 68.4 y 71.2.

Imperativo: y miembros de las Cortes Generales, art. 67.2.
Miembros del Tribunal Constitucional, de los, art. 159.5.
Órgano foral competente, del, disposición transitoria 4.ª2.
Parlamentario, art. 98.3.
Representativo, art. 159.4.
Senado, del, art. 69.6.
Senadores, de los, art. 69.6.

Mando supremo de las Fuerzas Armadas, art. 62.*h)*.

Manifestación

(Véase *Manifestaciones.*)
Libertad, de, art. 16.1.
Voluntad popular, de la, art. 6.

Manifestaciones

(Véase *Manifestación.*)
Prohibición, art. 77.1.
Régimen, art. 21.2.

Mar territorial, art. 132.2.

Marina Mercante, art. 149.1.20.ª

Marisqueo, art. 148.1.11.ª

Materia

Competencia estatal, de, artículo 150.1.
Competencia exclusiva del Estado, de, art. 149.1.
Comunidades Autónomas, atribuidas a la competencia de las, art. 150.3.
Comunidades Autónomas pueden asumir competencias, en que las, art. 143.1.
Criminal, art. 120.2.
Excluida de la iniciativa popular, art. 87.3.
Garantías constitucionales, de, art. 123.1.
Legislación delegada, de la, artículo 82.1.
Ley orgánica, propia de, artículo 87.3.
Medio ambiente, de protección del, art. 148.1.9.ª
No asumidas por los Estatutos de Autonomía corresponden al Estado, art. 149.3.
No atribuidas expresamente al Estado, las, art. 149.3.
Titularidad estatal, de, art. 150.2.

Matriculación de aeronaves, artículo 149.1.20.ª

Matrimonio

Caracteres, art. 32.2.
Derecho a contraerlo, art. 32.1.
Disolución, causas de, art. 32.2.
Formas, art. 149.1.8.ª
Separación, causas de, art. 32.2.
Sucesores al trono, de los, artículo 57.4.

Mayoría de edad, art. 12.

Derechos forales en el ámbito del Derecho privado, del artículo 12, no perjudica situaciones amparadas por, disposición adicional 2.ª
Ejercicio de la regencia, artículo 59.4.
Príncipe heredero a la Corona, del:
Juramento, art. 61.2.
Regencia, art. 59.2.
Tutor del Rey, requisito para ser, art. 60.1.

Mayorías

Parlamentarias: Mayoría absoluta en el Congreso (se exige en los siguientes supuestos): arts. 72.1 y 2, 73.2, 74.2, 80, 81.2, 90.2, 99.3, 102.2, 113.1 y 116.4.
Mayoría absoluta de las Cortes Generales (se exige en el siguiente supuesto), art. 72.1 y 2.

Mayoría absoluta del Senado (se exige en los siguientes supuestos), arts. 72.1 y 2, 73.2, 80, 90.2, 150.3, 151.1 y 167.2.
Mayoría de dos tercios: de ambas Cámaras, para la aprobación del nuevo texto constitucional, art. 168.1 y 2.
Mayoría de las Cámaras: tratados o convenios del artículo 94, art. 74.2.
Mayoría de los miembros de las Cámaras: requisito para la adopción de acuerdos con carácter general, artículo 79.1.
Mayoría de los miembros presentes de las Cámaras: requisito de validez siempre que no se exija una mayoría especial, art. 79.2.
Mayoría de tres quintos: en las dos Cámaras, es precisa para la aprobación de proyectos de reforma constitucional, art. 167.1.
Cámaras, para elegir a los cuatro miembros, en cada una de ellas, del Consejo General del Poder Judicial, en ambas, artículo 122.3.
Congreso y Senado, para elegir cuatro miembros, por cada una de ellas, para el Tribunal Constitucional, en el, art. 159.1.
Mayoría simple: del Congreso, para la ratificación de proyectos vetados transcurridos dos meses, art. 90.2.
Congreso, por la misma se entiende otorgada la confianza a un candidato a la Presidencia del Gobierno en segunda votación, cuarenta y ocho horas después de la primera negativa, del, art. 99.3.
Diputados, es suficiente para que se entienda otorgada la confianza al programa o declaración política general del Presidente del Gobierno, de los, art. 112.
Mayorías especiales: validez de acuerdos de las Cámaras, art. 79.2.
De órganos o colectivos no parlamentarios: Mayoría: del censo electoral de la provincia: iniciativa del proceso autonómico, art. 143.2.
Miembros del Órgano Foral competente para adoptar la decisión de incorporación de Navarra al Consejo General Vasco o al régimen autonómico vasco que le sustituya, de los, disposición transitoria 4.ª1.
Votos válidamente emitidos en cada una de las provincias comprendidas en el ámbito territorial del proyecto de Estatuto, es necesaria para la aprobación de éste y su elevación a las Cortes Generales, de, art. 151.2.4.º
Votos válidamente emitidos en cada una de las provincias del ámbito territorial del Estatuto proyectado, es necesaria para refrendar válidamente el texto aprobado por las Cortes Generales en caso de no alcanzarse el acuerdo del artículo 151.1.2.º, de, art. 151.2.5.º
Votos válidos emitidos, necesaria para ratificar en referéndum la decisión del órgano foral competente en el caso de Navarra, de los, disposición transitoria 4.ª1.
Mayoría absoluta: de los electores de cada provincia, son necesarios para ratificar mediante re-

feréndum la iniciativa del proceso autonómico, art. 151.1.
Miembros de los Ayuntamientos de Ceuta y Melilla, es necesaria para que éstas se constituyan en Comunidades Autónomas, de los, disposición transitoria 5.ª
Miembros de los órganos colegiados dotados de régimen provisional de autonomía, para sustituir la iniciativa en el proceso autonómico, a que se refiere el artículo 143.2, de los, disposición transitoria 1.ª

Medicamentos, art. 149.1.16.ª

Medidas
Circulación de bienes, que obstaculicen la libre, art. 139.2.
Circulación y establecimiento de personas, que obstaculicen la libertad de, art. 139.2.
Gobierno, del, art. 155.1 y 2.
Legislación sobre, art. 149.1.12.ª
Legislativas para la ejecución de tratados y convenios, artículo 94.1.*e)*.
Preventivas, art. 43.2.
Seguridad, de, art. 25.2.
Tributarias de las Comunidades Autónomas: límite, artículo 157.2.

Medio
(Véase *Medios.*)
Ambiente:
Adecuado, art. 45.1.
Competencia exclusiva del Estado, art. 149.1.23.ª
Comunidades Autónomas, artículo 148.1.9.ª
Defensa y restauración, artículo 45.2.
Sanciones penales o administrativas protección, artículo 45.3.
Reproducción, de, art. 20.1.*a)*.
Difusión, de, art. 20.1.*d)*.

Medios
(Véase *Medio.*)
Comunicación: censura previa, de, art. 20.2.
Sociales dependientes del Estado o de entes públicos, art. 20.3.
Sociales, las normas básicas de su régimen son competencia exclusiva del Estado, art. 149.1.27.ª
Difusión, de, art. 20.1.*a)*.
Expresión, de, art. 20.1.*a)*.
Financieros, art. 150.2.
Haciendas Locales, de las, artículo 142.
Información, de, art. 20.5.
Producción, de, art. 129.2.
Prueba, de, art. 24.2.
Tipificados como delito, artículo 22.2.

Melilla
Constitución como Comunidad Autónoma, disposición transitoria 5.ª
Representación en el Congreso, art. 68.2.
Senadores, art. 69.4.

Menorca, art. 69.3.

Mercado
Economía de mercado, art. 38.

Mercancías
Libre circulación de mercancías, art. 157.2.

Mesa
(Véase *Mesas de las Cámaras.*)
Congreso, del, y Asambleas de las Comunidades Autónomas, art. 87.2.
Senado, del, art. 72.2.

Mesas
(Véase *Mesa.*)
Cámaras, de las, art. 72.2.

Miembros
Asamblea de la Comunidad Autónoma, de la, art. 151.2.1.º
Presidente de la Comunidad Autónoma, art. 152.1.
Ayuntamientos de Ceuta y Melilla, de los, disposición transitoria 5.ª
Cámaras: actas y credenciales, de las, art. 70.2.
Asistencia de la mayoría a las reuniones reglamentarias es requisito para que puedan adoptarse acuerdos, la, art. 79.1.
Incompatibilidades, art. 67.1.
Referéndum, art. 167.3.
Validez de los acuerdos de las Cámaras, art. 79.2.
Casa Real, de la, art. 65.2.
Congreso, del, art. 102.2.
Consejo de Gobierno, del, artículo 152.1.
Consejo General del Poder Judicial, del, art. 122.2.
Nombramiento, número y sistema de proposición, artículo 122.3.
Corporaciones Locales, de las, disposición transitoria 3.ª
Cortes Generales, de las, artículo 67.2.
Diputación Permanente, de la, art. 78.1.
Diputación u órgano interinsular de las provincias afectadas, de la, art. 146.
Fuerzas o Institutos Armados o Cuerpos sometidos a disciplina militar, de las, art. 29.2.
Fuerzas y Cuerpos de Seguridad en activo, de las, art. 70.1.*e)*.
Gobierno, del, art. 110.2.
Elección a Congreso y Senado, art. 70.1.*b)*.
Estatuto e incompatibilidades, art. 98.3 y 4.
Funcionarios de sus Departamentos informen ante las Cámaras, pueden solicitar que, art. 110.2.
Funciones son coordinadas por el Presidente del mismo, sus, art. 98.2.
Interpelaciones y preguntas que les formulen en las Cámaras, art. 111.1.
Nombramiento y separación, son, art. 62.*e)*.
Presencia puede ser reclamada por las Cámaras, su, artículo 110.1.
Responsabilidad criminal, artículo 102.1.
Sesiones de las Cámaras, artículo 110.2.
Juntas electorales, de las, artículo 70.1.*f)*.
Mesas de las Cámaras, de las, art. 72.2.
Órgano foral competente: Navarra, del, disposición transitoria 4.ª1.
Órganos colegiados superiores de los territorios con régimen provisional de autonomía, de los, disposición transitoria 1.ª
Poder judicial, del, art. 159.4.
Independencia, art. 127.2.
Policía en activo, de la, art. 70.1.*e)*.
Tribunal Constitucional, del, art. 159.2.
El período para el que son designados es de nueve años, art. 159.3.
Elecciones a Congreso y Senado, art. 70.1.*a)*.
Estatuto, art. 165.
Incompatibilidades, art. 159.4.

Independencia e inamovilidad en el ejercicio de su mandato, art. 159.5.
Nombramiento por el Rey, art. 159.1.
Primera renovación de, disposición transitoria 9.ª
Proponen al Presidente del Tribunal Constitucional, art. 160.
Renovación, art. 159.3.
Tribunal de Cuentas, del, artículo 136.3.

Militares profesionales, art. 70. 1.*e)*.

Minas, art. 149.1.25.ª

Ministerio Fiscal
Comisiones de Investigación, art. 76.1.
Estatuto orgánico, art. 124.3.
Funciones y principios que la inspiran, art. 124.2.
Incompatibilidades, art. 127.
Misiones, art. 124.1.
Policía judicial, art. 126.
Recurso de amparo, art. 162.1.*b)*.

Ministerios
(Véanse *Departamentos Ministeriales, Ministros.*)

Ministros
Cámaras, relaciones con las. (Véase *Miembros del Gobierno.*)
Consejo de Ministros, art. 88.
Integran el Gobierno, art. 98.1.
Nombramiento y separación, artículo 100.
Refrendan los actos del Rey art. 64.1.
Responsabilidad criminal, artículo 102.1.

Minoría
Edad, de, art. 39.3.
Edad del Príncipe heredero, de, art. 59.2.
Edad del Rey, de, art. 59.1.

Minusválidos
(Véase *Disminuidos físicos, sensoriales y psíquicos.*)

Moción
(Véase *Mociones.*)
Censura al Gobierno, de, artículo 113.1.
Consecuencias de su adopción, art. 114.2.
Consecuencias de su no aprobación, art. 113.4.
Interpelación puede dar lugar a la misma, en que la Cámara manifieste su posición, toda, art. 111.2.
Requisitos para que sea propuesta, art. 113.2.
Trámite no procede la proposición de disolución del Congreso, cuando esté en, art. 115.2.
Votación, art. 113.3.

Mociones alternativas a la moción de censura, art. 113.3.

Modernización de todos los sectores económicos, art. 130.1.

Monarca
(Véanse *Jefe del Estado, Monarquía, Rey.*)

Monarquía parlamentaria, artículo 1.3.

Moneda
(Véase *Sistema monetario.*)

Monopolio, art. 128.2.

Montaña, art. 130.2.

Montes, arts. 148.1.8.ª y 149.1.23.ª

Moral, arts. 15 y 27.3.

Motivación
Sentencias, art. 120.3.

Motivos
Ideológicos y políticos, art. 19.
Interés nacional, de, art. 144.

Motor, art. 149.1.21.ª

Mujer
Matrimonial, art. 32.1.
Protección, art. 39.2.
Sucesión al trono, art. 57.1.

Municipios
(Véase *Corporaciones locales.*)
Administración, art. 140.
Agrupación, art. 141.1.
Agrupaciones diferentes a la provincia, art. 141.3.
Alteración de los términos municipales, art. 148.1.2.ª
Autonomía, arts. 137 y 140.
Autonómico, proceso, arts. 143.2 y 151.1.
Bases del régimen jurídico de las Administraciones públicas, art. 149.1.18.ª
Circunscripciones territoriales propias, art. 152.3.
Concejo abierto, art. 140.
Gobierno, art. 140.
Organización territorial del Estado, art. 137.
Personalidad jurídica plena, artículo 140.

Museos
Comunidad Autónoma, de interés para la, art. 148.1.15.ª
Titularidad estatal, de, art. 149.1.28.ª

N

Nacimiento
Español de, es requisito para ser tutor del Rey, ser, art. 60.1.
Príncipe heredero, del, art. 57.2.
Prohibición de discriminación por razón de, art. 14.

Nación española
(Véase *España.*)
Preámbulo y art. 2.

Nacionalidad
(Véanse *Nación española, Nacionalidades, Naciones.*)
Competencia exclusiva del Estado, art. 149.1.2.ª
Española: adquisición, conservación y pérdida, art. 11.1.
Regencia, art. 59.4.
Naturalización de españoles en países iberoamericanos o que tengan particular vinculación con España no determina su pérdida, la, art. 11.3.
Privación de la, art. 11.2.
Tratados de doble, art. 11.3.

Nacionalidades
Principio de solidaridad, artículo 138.1.
Reconocimiento y principio de solidaridad, art. 2.

Naciones de la Comunidad histórica española
Jefe del Estado, art. 56.1.

Naturalización, art. 11.3.

Navarra
Incorporación al Consejo General Vasco, disposición transitoria 4.ª

Necesidades
Atención a las, Seguridad Social, art. 41.
Colectivas, art. 131.1.
Derecho a satisfacerlas, remuneración suficiente, art. 35.1.
Remuneración, art. 35.

Negociación colectiva laboral, art. 37.1.

Niños, art. 39.4.

Nivel de vida de todos los españoles, art. 130.1.

Nombramiento
Consejo General del Poder Judicial, en el, art. 122.2.
Fiscal General del Estado, del, art. 124.4.
Miembros del Consejo General del Poder Judicial, de los, art. 122.3.
Miembros del Gobierno, de los, arts. 62.*e)* y 100.
Miembros del Tribunal Constitucional, de los, art. 159.1.
Presidente del Gobierno, del, arts. 62.*d),* 64.1, 99 y 114.2.
Presidente del Tribunal Constitucional, del, art. 160.
Presidente del Tribunal Supremo, del, art. 123.2.

Norma
Fuerza de ley: declaración de inconstitucionalidad, con, artículo 164.1.
Institucional básica de cada Comunidad Autónoma, artículo 147.1.
Rango de ley: declaración de inconstitucionalidad, con, artículo 161.1.*a).*
Órgano judicial planteará la cuestión al Tribunal Constitucional, de cuya validez dependa un caso en un proceso, el, art. 163.

Normas
(Véanse *Bases, Decretos legislativos, Decretos-leyes, Disposiciones, Ley, Leyes, Norma, Reglamento.*)
Adicionales, art. 149.1.23.ª
Básicas: para el desarrollo del art. 27 de la Constitución, es competencia exclusiva del Estado, art. 149.1.30.ª
Medios de comunicación social, de todos los, art. 149.1.27.ª
Régimen de prensa, del, artículo 149.1.27.ª
Régimen de radio, del, artículo 149.1.27.ª
Régimen de televisión, del, art. 149.1.27.ª
Carácter retroactivo, de, artículo 83.*b).*
Competencia y procedimiento juzgados y Tribunales, de, art. 117.3.
Comunidades Autónomas, de las, art. 149.3.
Derecho foral o especial, de, art. 149.1.8.ª
Estado: caso de conflicto, con las de las Comunidades Autónomas, del, art. 149.3.
Generales de Derecho internacional, art. 96.1.
Jurídicas: aplicación y eficacia, art. 149.1.8.ª
Legislativas: controles, artículo 150.1.
Pertinentes: vivienda digna y adecuada, art. 47.
Rango de ley: delegación legislativa, con, art. 82.1.
Reglamentarias de las Comunidades Autónomas: jurisdicción contencioso-administrativa, art. 153.*c).*

Relativas a los derechos fundamentales y a las libertades que la Constitución reconoce, art. 10.2.
Resolver conflictos de leyes, para, art. 149.1.8.ª
Resolver conflictos que puedan surgir entre Comunidades Autónomas y el Estado en materia de competencias financieras, para, art. 157.3.

O

Objeción de conciencia, artículos 30.2 y 53.2.

Objetores de conciencia
(Véase *Objeción de conciencia.*)

Obligación
(Véase *Obligaciones.*)
Comparecer a requerimiento de las cámaras, de, art. 76.2.
Cumplir las sentencias y demás resoluciones firmes de los jueces y Tribunales, de, artículo 118.
Estado por medio de tratados o convenios, del, art. 94.1.
Internacional del Estado, consentimiento, art. 63.2.
Prestar la colaboración requerida por los jueces y Tribunales, de, art. 118.
Reparar el daño causado, de, art. 45.3.

Obligaciones
(Véase *Obligación.*)
Comunidad Autónoma, incumplimiento, de la, art. 155.1 y 2.
Contractuales, art. 149.1.8.ª
Españoles en cualquier parte del territorio del Estado, son las mismas para todos los, art. 139.1,
Familiares y tercera edad, artículo 50.
Financieras, art. 133.4.
Financieras para la Hacienda Pública, art. 94.1.*d).*
Internacionales, art. 63.2.
Militares, art. 30.2.
Poderes públicos en materia de enseñanza, de los, art. 149.1.30.ª

Obligatoriedad de la enseñanza básica, art. 27.4.

Obras Públicas
Interés de la Comunidad Autónoma, de, art. 148.1.4.ª
Interés general, de, art. 149.1.24.ª
Realización afecte a más de una Comunidad Autónoma, cuya, art. 149.1.24.ª

Ocio
Adecuada utilización, art. 43.3.
Promoción, art. 148.1.19.ª
Tercera edad, art. 50.

Oficio
Libre elección, art. 35.1.
Ministerio Fiscal, actuación del, art. 124.1.

Ombudsman
(Véanse *Defensor del Pueblo, Comisionado de las Cortes Generales.*)

Operaciones de crédito, artículo 157.1.*e).*

Opinión
Diputados, art. 71.1.
Libertad de expresión y difusión, art. 20.1.*a).*
Prohibición de discriminación, art. 14.
Senadores, de, art. 71.1.

Orden
Del día: Cámaras, art. 73.2.
Económico, preámbulo.
Político, art. 10.1.
Público, art. 16.1.
Manifestaciones y reuniones, art. 21.2.
Social, preámbulo.
Sucesión en el trono, de, artículo 59.1.
Dudas de hecho o derecho, art. 57.5.
Regular de primogenitura y representación en el, artículo 57.1.

Ordenación
Banca, de la, art. 149.1.11.
Crédito, del, art. 149.1.11.ª
Economía, de la, art. 148.1.7.ª
Recursos y aprovechamientos hidráulicos, de los, art. 149.1.22.ª
Registros, de los, art. 149.1.8.ª
Sector de la pesca marítima, del, art. 149.1.19.ª
Seguros, de los, art. 149.1.11.ª
Territorio, del, art. 148.1.3.ª
Turismo en su ámbito territorial, del, art. 148.1.18.ª

Ordenamiento
Constitucional, arts. 8.1 y 9.1.
Instituciones básicas del Estado, de las, art. 86.1.
Interno, art. 96.1.
Jurídico; y Estatutos de las Comunidades Autónomas, artículo 147.1.
Sujeción al, art. 9.1.
Valores superiores del, artículo 1.1.

Organismo provisional autonómico, disposición transitoria 7.ª*c)*.
(Véase *Organismos.*)

Organismos
Internacionales, art. 93.
Públicos, art. 129.1.
Supranacionales, art. 93.

Organización
(Véanse *Organismos, Organizaciones, Órgano, Órganos.*)
Internacional, art. 93.
Judicial y Comunidad Autónoma, art. 152.1.
Medios de comunicación, de los, art. 20.3.
Militar, art. 8.2.
Municipios, Provincias y las Comunidades Autónomas que se constituyan, art. 137.
Territorial del Estado.
(Véase *Título VIII.*)
Tribunal de Cuentas, del, artículo 136.4.
Tribunales, de los, art. 117.5.

Organizaciones
(Véase *Organización.*)
De consumidores y usuarios, art. 51.2.
Los poderes públicos las fomentarán, art. 51.2.
Económicas, art. 131.2.
Empresariales, art. 131.2.
Profesionales.
(Véase *Colegios profesionales.*)
Estructura interna y funcionamiento, art. 52.
Proyectos de planificación, asesoran y colaboran con el Gobierno a los efectos de elaboración de los, art. 131.2.
Tribunales de honor, art. 26.
Reconocidas por la ley, artículo 105.*a)*.
Sindicales internacionales, artículo 28.1.

Órgano
(Véanse *Organización, Organizaciones, Órganos.*)

Colegiado superior de la Comunidad Autónoma, art. 69.5.
Consultivo supremo del Gobierno, art. 107.
Fiscalizador supremo de las cuentas y de la gestión económica del Estado, art. 136.1.
Foral y Navarra, disposición transitoria 4.ª1 y 2.
Gobierno del Poder Judicial, de, art. 122.2.
Interinsular correspondiente, artículo 143.2.
Interinsular de las provincias afectadas, art. 146.
Judicial, art. 163.
Jurisdiccional superior en todos los órdenes, art. 123.1.
Preautonómico colegiado Estatuto de autonomía, disposición transitoria 2.ª
Provisional autonómico y régimen económico y fiscal del archipiélago canario, disposición adicional 3.ª

Órganos

(Véanse *Órgano, Organización, Organizaciones.*)
Administración del Estado, de la, art. 103.2.
Colegiados superiores de los regímenes provisionales de autonomía, disposición transitoria 1.ª
Comunidades Autónomas, de las, arts. 149.1.7.ª, 153, 161.2.
Ejecutivos de las Comunidades Autónomas, art. 162.1.*a)*.
Interinsulares, art. 151.1 y disposición transitoria 1.ª
Judiciales y Comunidad Autónoma, art. 152.1.
Legitimados y recursos de inconstitucionalidad y de amparo, art. 162.
Ministerio Fiscal, del, art. 124.2.
Preautonómicos colegiados superiores, disposición transitoria 2.ª

P

Padre del Rey

Regencia, art. 59.1.
Tutor del Rey, art. 60.1.

Padres

Deber de asistencia a los hijos habidos dentro o fuera del matrimonio, art. 39.3.
Derechos, art. 27.3.
Intervención en centros docentes, art. 27.7.

Países

Iberoamericanos, art. 11.3.
Tratados de doble nacionalidad, art. 11.3.
Vinculados a España, art. 11.3.

Parlamentarios

(Véanse *Asamblea de parlamentarios, Grupos parlamentarios.*)
Diputados y senadores, art. 67.3.

Parlamento

(Véase *Cortes Generales.*)

Paro

(Véase *Desempleo.*)

Participación

Ciudadanos, de los, art. 9.2.
  Administración, en la, artículo 105.
  Administración de Justicia, en la, art. 125.
  Asuntos públicos, en los, artículo 23.1.
Comunidad, en las plusvalías generadas por la acción urbanística de los entes públicos, de la, art. 47.
Comunidades Autónomas, de las, art. 152.1.
Empresa, en la, art. 129.2.
Enseñanza, en la, art. 27.5.

Interesados, calidad de vida o al bienestar general, de los, art. 129.1.
Juventud, de la, art. 48.
Política, art. 6.
Seguridad Social, en la, artículo 129.1.
Tributos del Estado, en los, artículo 142.

Participaciones en los ingresos del Estado (otras)
Recurso de las Comunidades Autónomas, art. 157.1.*a)*.

Particulares, art. 106.2.

Partido político, art. 6.
(Véanse *Asociación, Asociaciones.*)
Jueces, magistrados y fiscales en activo, art. 127.1.
Miembros del Tribunal Constitucional, art. 159.4.

Paternidad, art. 39.2.

Patria: común e indivisible de todos los españoles, art. 2.

Patrimonio
Artístico, conservación y enriquecimiento del, art. 46.
Competencia exclusiva del Estado, art. 149.1.28.ª
Comunidades Autónomas, de las, art. 157.1.*d)*.
Cultural, art. 3.3.
  Conservación y enriquecimiento del, art. 46.
  Defensa del, art. 149.1.28.ª
Estado, del, art. 132.3.
Histórico, cultural y artístico de los pueblos de España, artículo 46.
Monumental, art. 149.1.28.ª
Monumental de interés de la Comunidad Autónoma, artículo 148.1.16.ª
Nacional, art. 132.3.

Patronazgo de las Reales Academias, art. 62.*j)*.

Paz
Hacer la, art. 63.3.
Social, art. 10.1.

Pena
(Véase *Penas.*)
Muerte, de, art. 15.
Prisión, de, art. 25.2.
  Sentido de la, art. 25.2.

Penas
(Véase *Pena.*)
Degradantes, art. 15.
Inhumanas, art. 15.
Privativas de libertad, art. 25.2.
Sanciones penales en materia de medio ambiente, art. 45.3.

Pensamientos, art. 20.1.*a)*.

Pensiones adecuadas, art. 50.

Período
(Véase *Períodos.*)
Sesiones de las Cámaras, de, arts. 113.4 y 116.6.

Períodos ordinarios de sesiones
(Véase *Período.*)
Cámaras, de las, art. 73.1.

Persona, art. 17.1.
Derechos de la detenida, artículo 17.3 y 4.
Desarrollo de la, art. 45.1.
Dignidad de la, art. 10.1.
Jurídica, art. 162.1.*b)*.
Natural, art. 162.1.*b)*.

Rey, inviolabilidad de la, del, art. 56.3.
Responsabilidad, no está sujeta a, art. 56.3.

Personal

Administración de justicia, al servicio de la, art. 122.1.
Cortes Generales, de las, artículo 72.1.
Diputados y senadores, el voto de los, art. 79.3.

Personalidad

Desarrollo integral de la, presos, art. 25.2.
Jurídica: circunscripciones territoriales propias establecidas por Estatutos, art. 152.3.
Municipios, art. 140.
Provincia, art. 141.1.
Libre desarrollo de la personalidad, art. 10.1.
Humana, educación, art. 27.2.

Personas

(Véanse *Derecho, Derechos.*)
Físicas: centros docentes, artículo 27.6.
Intimidad de las, y registros y archivos administrativos, art. 105.*b)*.
Jurídicas: centros docentes, artículo 26.6.
Legitimadas para interponer recurso de inconstitucionalidad y amparo, art. 162.
Libertad de circulación y establecimiento en todo el territorio español, art. 139.2.
Manifestaciones y reuniones, art. 21.2.
Refrenden los actos del Rey, que, art. 64.2.
Suspensión de derechos de las (arts. 17.2 y 18.2 y 3), art. 55.2.
Tutela efectiva de los jueces y tribunales, art. 24.1.

Pesas, art. 149.1.12.ª

Pesca

Aguas interiores, las Comunidades Autónomas podrán asumir competencias en la materia, art. 148.1.11.ª
Fluvial, art. 148.1.11.ª
Marítima, art. 149.1.19.ª
Modernización y desarrollo de la, art. 130.1.

Petición

(Véase *Peticiones.*)
Derecho de petición individual y colectiva, art. 29.1.
Ministerio Fiscal a petición de los interesados, art. 124.1.

Peticiones individuales y colectivas, art. 77.

Planificación general de la actividad económica

Bases y coordinación, art. 149.1.13.ª
Estado es competente mediante ley, el, art. 131.1.
Libertad de empresa, art. 38.
Proyectos son elaborados por el Gobierno, los, art. 131.2.

Plataforma continental, artículo 132.2.

Playas, art. 132.2.

Plena jurisdicción, art. 117.3.

Pleno

Cámaras, de las, art. 75.1.
Comisiones Legislativas Permanentes, delegación a, art. 75.2.
Proyectos de Estatuto aprobado en referéndums provinciales, voto de ratificación, art. 151.2.4.º
Públicos salvo excepciones, serán, art. 80.

Congreso, del.
(Véase *Pleno de las Cámaras.*)
Empleo, art. 40.1.
Senado, del.
(Véase *Pleno de las Cámaras.*)
Tribunal Constitucional; Presidente del mismo, del, artículo 160.

Plenos efectos frente a todos de las sentencias del Tribunal Constitucional
Supuestos, art. 164.1.

Pluralismo
Político, arts. 1.1 y 6.
Sociedad, de la, art. 20.3.

Plusvalías que genere la acción urbanística de los entes públicos, art. 47.

Poder
Ejecutivo.
(Véase *Gobierno.*)
Judicial, título VI.
Comunidades Autónomas y Audiencias territoriales, disposición adicional 4.ª
Consejo General del Poder judicial, art. 122.2 y 3.
Jueces y magistrados, artículo 117.1.
Ley orgánica, art. 122.1.
Ley orgánica del, y territorios autónomos, art. 152.1.
Miembros del, art. 127.2.
Nombramiento del Fiscal General del Estado, art. 124.4.
Nombramiento del Presidente del Tribunal Supremo, artículo 123.2.
Primera renovación de miembros del Tribunal Constitucional, disposición transitoria 9.ª
Tribunal Constitucional, artículo 159.1, título VI.
Unidad e independencia del Poder judicial, art. 152.1.
Legislativo.
(Véase *Cortes Generales.*)

Poderes
Administrativos de los Presidentes de las Cámaras, artículo 72.3.
Cámaras, de las, art. 78.2.
Estado, del, art. 1.2.
Públicos: prohibición de la arbitrariedad de los, art. 9.3.
Límites actuación, art. 53.3.
Sujetos a la Constitución y al resto del ordenamiento, art. 9.1.
Vinculados por los derechos y libertades reconocidas en la Constitución, artículo 53.1.

Policía
(Véase *Policías.*)
Judicial, art. 126.
Miembros, art. 70.1.*e)*.

Policías locales
(Véase *Policía.*)
Coordinación y demás funciones de relación con las policías locales, art. 148.1.22.ª
Creación de, art. 149.1.29.ª

Política
Económica nacional y desarrollo económico de la Comunidad Autónoma, art. 148.1.13.ª
Estabilidad económica, de, artículo 40.1.
Estado sobre trabajadores españoles en el extranjero, del, art. 42.
Formación y readaptación profesionales, de, art. 40.2.
General y cuestión de confianza, art. 112.
Interior y exterior, art. 97.
Orientada al pleno empleo, artículo 40.1.

Poderes públicos y disminuidos, de los, art. 49.

Postales
Comunicaciones, art. 18.3.

Potestad
Jurisdiccional, art. 117.3.
Legislativa del Estado, artículo 66.2.
Legislativa delegada, art. 82.1.
Originaria, tributos, art. 133.1.
Reglamentaria, es controlada por los Tribunales, art. 106.1.
Ejercida por el Gobierno de acuerdo con la Constitución y las leyes, es, art. 97.
Tributaria.
(Véase *Tributos.*)

Preguntas
Al Gobierno y sus miembros, art. 111.1.

Prensa, art. 149.1.27.ª

Prerrogativa de gracia
(Véanse *Indulto particular* y *Derecho de gracia.*)
Iniciativa popular, art. 87.3.
Real, art. 102.3.

Presidencia
Consejo de Ministros y Rey, del, art. 62.*g)*.
Gobierno: candidato a la, y moción de censura, del, artículo 113.2.
Candidatura a la, art. 99.1.

Presidente
(Véase *Presidencia.*)
Cámara, de la, art. 78.2.
Comunidad Autónoma, de la, art. 155.1.
Congreso de los Diputados, del, art. 72.2.
Actos del Rey que le corresponde refrendar, art. 64.1.
Candidato a la Presidencia del Gobierno, art. 99.1.
Preside reuniones conjuntas de las Cámaras, art. 72.2.
Proyecto de ley orgánica y Senado, art. 90.1.
Refrendo y disolución y convocatoria de nuevas elecciones, art. 99.5.
Consejo de Gobierno de la Comunidad Autónoma, del, artículo 152.1.
Gobierno: acusación, del, artículo 102.2.
Aplicación de lo establecido en el art. 99, disposición transitoria 8.ª2.
Competencias, art. 98.2.
Cuestión de confianza, artículo 112.
Designación, art. 114.1.
Dimisión, disposición transitoria 8.ª2.
Dimisión y cese del Gobierno, art. 101.1.
Disolución del Congreso, Senado o Cortes Generales, art. 115.1.
Fallecimiento y cese del Gobierno, art. 101.1.
Funciones y competencias, disposición transitoria 8.ª, 2.
Gobierno, art. 98.1.
Interpelaciones y preguntas, art. 111.1.
Moción de censura, art. 113.2.
Nombrado por el Rey, artículo 114.2.
Nombrado conforme se establece en el artículo, es, artículo 99.3 y 4.
Nombramiento y separación de los demás miembros del Gobierno, art. 100.

Programa político del candidato/a, art. 99.2.
Propone a los miembros del Gobierno, art. 62.*e)*.
Propuesta y nombramiento, refrendados por el Presidente del Congreso, art. 64.1.
Recurso de inconstitucionalidad, art. 162.1.*a)*.
Referéndum, convocatoria de, art. 92.2.
Refrendo de los actos del Rey, art. 64.1.
Responsabilidad criminal, artículo 102.1.
Rey, en los supuestos en que proceda lo propone el, artículo 99.1.
Rey, nombrarlo corresponde al, art. 62.*d)*.
Rey, poner fin a sus funciones corresponde al, art. 62.*d)*.
Rey, proponerlo corresponde al, art. 62.*d)*.
Rey que presida el Consejo de Ministros, le compete pedir al, art. 62.*g)*.
Votación negativa de investidura y consecuencias, artículo 99.5.
Senado: elección, del, art. 72.2.
Recibe del Presidente del Congreso los proyectos de ley, art. 90.1.
Tribunal Constitucional, del, art. 160.
Tribunal Supremo, del, artículo 123.2.
Presidente del Consejo General del Poder Judicial, es el, art. 122.3.

Presidentes de las Cámaras, artículo 72.2 y 3.
Información y ayuda que precisen, a través de los mismos pueden recabar éstas y las, art. 109.

Preso, art. 25.2.

Presunción de inocencia
(Véase *Derecho a la presunción de inocencia.*)

Prestaciones
Patrimoniales, art. 31.3.
Personales, art. 31.3.
Salud pública, art. 43.2.
Seguridad Social, art. 41.
Sociales sustitutorias, art. 30.2.

Presupuestos
Cámaras, de las, art. 72.1.
Estado, del.
(Véase *Presupuestos Generales del Estado.*)
Aprueban las Cortes Generales, los, art. 66.2.
Cantidad destinada al Rey, art. 65.1.
Generales del Estado: carácter anual, art. 134.2.
Comisiones Legislativas Permanentes, no son delegables a las, art. 75.3.
Comunidades Autónomas, asignación a, art. 158.1.
Comunidades Autónomas, asignaciones con cargo a los, forman parte de los recursos de las, art. 157.1.*c)*.
Elaboración corresponde al Gobierno, su, art. 134.1.
Estado de gastos de los, incluye los créditos para satisfacer el pago de intereses y capital de la Deuda Pública del Estado, art. 135.2.
Examen, enmienda y aprobación corresponde a las Cortes Generales, su, art. 134.1.
Gobierno debe presentarlos ante el Congreso de los Diputados al menos tres meses antes de la expiración de los del año anterior, el, art. 134.3.
Ley de, no puede crear tributos, art. 134.7.

Modificación, art. 134.5 y 6.
Prórroga de los del ejercicio anterior, art. 134.4.

Príncipe

Asturias, de, art. 57.2.
Heredero, art. 61.2.
Regencia, art. 59.2.

Principio

(Véase *Principios.*)
Anualidad de los Presupuestos Generales del Estado, artículo 134.2.
Capacidad, función pública, de, art. 103.3.
Coordinación, de la Administración Pública, de, art. 103.1.
Coordinación con la Hacienda estatal y Comunidades Autónomas, de, art. 156.1.
Dependencia jerárquica y Ministerio Fiscal, de, art. 124.2.
Descentralización y Administración Pública, de, art. 103.1.
Desconcentración y Administración Pública, de, art. 103.1.
Eficacia y Administración Pública, de, art. 103.1.
Exclusividad jurisdiccional, de, art. 117.3.
Igualdad ante la ley, de, artículos 9.2 y 14.
Igualdad del sistema tributario, de, art. 31.1.
Imparcialidad y Ministerio Fiscal, de, art. 124.2.
Imprescriptibilidad y bienes de dominio público y comunales, de, art. 132.1.
Inalienabilidad y bienes de dominio público los comunales, de, art. 132.1.
Inembargabilidad y bienes de dominio público los comunales, de, art. 132.1.
Jerarquía y Administración Pública, de, art. 103.1.
Legalidad, de, art. 9.3.
Legalidad del Ministerio Fiscal, de, art. 124.2.
Legalidad sancionadora, de, artículo 25.1.
Legalidad tributaria, de, artículos 31.3 y 133.
Legalidad penal, de.
(Véase *Principio de legalidad sancionadora.*)
Mérito y función pública, de, art. 103.3.
Preferencia y tutela de derechos y libertades, de, art. 53.2.
Progresividad y sistema tributario, de, art. 31.1.
Reciprocidad y extradición, de, art. 13.3.
Responsabilidad del Gobierno y sus agentes, de, art. 116.6.
Solidaridad entre todos los españoles y Comunidades Autónomas, de, art. 156.1.
Fondo de Compensación, artículo 158.2.
Realización, efectiva, art. 138.1.
Sumariedad y tutela de derechos y libertades, de, art. 53.2.
Unidad de actuación y Ministerio Fiscal, de, art. 124.2.
Unidad jurisdiccional y organización y funcionamiento de los Tribunales, de, art. 117.5.

Principios

Básicos de actuación de las Fuerzas y Cuerpos de seguridad, art. 104.2.
Constitución y jurisdicción militar, de la, art. 117.5.
Organización militar, art. 8.2.
Constitucionales, art. 27.6.
Democráticos de convivencia, art. 27.2.
Garantizados por la Constitución, art. 9.3.

Necesarios para armonizar las disposiciones normativas de las Comunidades Autónomas, art. 150.3.
Reconocidos: en el Capítulo III del Título I: alegación, artículo 53.2.
En el Capítulo III del Título I: desarrollo, art. 53.3.
En el Capítulo III, Título I: su reconocimiento, respeto y protección informarán la legislación positiva, artículo 53.3.
Rectores de la política social y económica: Capítulo III, Título I: arts. 39 a 52, inclusive.
Régimen, art. 53.3.

Prisión

Pena de, art. 25.2.
Provisional, art. 17.4.

Privación

Bienes y derechos, de, art. 33.3.
Libertad, de, arts. 17.1 y 25.3.
Nacionalidad española, de la, art. 11.2.

Privilegios

Cámaras, de las, art. 67.3.
Económicos o sociales, artículo 138.2.

Procedimiento

Acceso a la autonomía, de.
(Véase *Proceso autonómico.*)
Administrativo, arts. 105.*c)* y 149.1.18.ª
Disposiciones administrativas que afecten a los ciudadanos, para la elaboración de las, art. 105.*a)*.
Elaboración del Estatuto en el supuesto del artículo 151.1, para la, arts. 151.2 y 152.1.
Especial y sumario, art. 86.2.
Estatutos para su reforma, establecido por los, art. 147.3.
Habeas corpus, de, art. 17.4.
Judicial, arts. 117.3 y 120.2.
Legislativo.
(Véase *Elaboración de las leyes.*)
Referéndum, de las distintas modalidades de, art. 92.3.
Reforma constitucional, de, artículos 166 a 169.
Tratados y convenios internacionales en el artículo 94, para la aprobación de, art. 96.2.
Tribunal Constitucional, ante el, art. 165.
Tutela de los derechos y libertades, de, art. 53.2.
Urgencia, de, art. 86.3.

Procedimientos para la modificación de Estatuto

Estatuto, arts. 147.3 y 152.2.

Procesamiento

Diputados, de, art. 71.2.
Senadores, de, art. 71.2.

Proceso

Autonómico: extraordinario, artículos 151 y 152.
Excepciones, art. 144, disposiciones transitorias 2.ª y 4.ª
Iniciativa del, prevista en el artículo 143.2, disposición transitoria 3.ª
Ordinario, arts. 143 y 146.
Supuesto de que no prospere la iniciativa, por no reunirse los requisitos del artículo 143, disposición transitoria 7.ª*b)*.
Derecho a proceso público, artículo 24.2.
Es obligado prestar la colaboración requerida por jueces y Magistrados, art. 118.
Penal, art. 125.
Potestad jurisdiccional, artículo 117.3.
Recurso de inconstitucionalidad, art. 163.

Producción
(Véase *Medios de producción.*)
Artística.
(Véase *Derecho a la producción artística.*)
Científica.
(Véase *Derecho a la producción científica.*)
Literaria.
(Véase *Derecho a la producción literaria.*)
Técnica.
(Véase *Derecho a la producción técnica.*)

Productos
Comerciales, art. 51.3.
Farmacéuticos, art. 149.1.16.ª

Profesión, art. 35.1.

Profesiones tituladas, art. 36.

Profesores
Centros docentes, intervención en, art. 27.7.
Universidad, de, art. 159.2.

Programa
Político del Gobierno, art. 99.2.
Presidente del Gobierno, del, art. 112.

Programación
Enseñanza, general de la, artículo 27.5.
Gasto público, del, art. 31.2.

Progresividad
(Véase *Sistema tributario.*)

Progreso
Cultural y de la economía, de la, preámbulo.
Social y económico, art. 40.1.

Prohibición
Asociaciones secretas y de las de carácter paramilitar, de, art. 22.5.
Discriminación, de, art. 14.
Expresa del Rey y las Cortes Generales, art. 57.4.
Manifestaciones y reuniones, de, art. 21.2.
Tribunales de excepción, de, art. 117.6.
Tribunales de Honor, de, artículo 26.

Promulgación
Constitución, de la, disposiciones transitorias 2.ª y 8.ª2.
Decretos-leyes, de, art. 86.2.
Estatuto de Autonomía, del, art. 151.2.4.ª y 5.ª
Leyes aprobadas por las Cortes Generales, arts. 62.*a)* y 91.

Propiedad
Industrial, art. 149.1.9.ª
Intelectual, art. 149.1.9.ª
Medios de producción, de los, art. 129.2.
Privada, art. 33.

Proposición de ley
Aprobación, art. 75.2.
Asambleas de las Comunidades Autónomas, art. 87.2.
Comisión Legislativa Permanente, objeto de delegación a la, art. 75.2.
Contraria a delegación legislativa, art. 84.
Iniciativa popular, art. 87.3.
Senado, tomadas en consideración por el, art. 89.2.
Tramitación, art. 89.1.

Provincia
(Véase *Provincias.*)
Agrupación de municipios, artículo 141.1.

Agrupaciones de municipios diferentes de la, art. 141.3.
Bases del régimen jurídico de las Administraciones Públicas, art. 149.1.18.ª
Circunscripción electoral, artículo 68.2.
Comunidad Autónoma con motivo de interés nacional, constitución de una, art. 144.*a)*.
División territorial, art. 141.1.
Elección de senadores, art. 69.2.
Entidad local, art. 141.1.
Personalidad jurídica propia, art. 141.1.

Provincias

(Véase *Provincia.*)
Autonomía, art. 137.
Entidad histórica, con, art. 143.1.
Gobierno y administración autónoma, art. 141.2.
Insulares, art. 69.3.
Limítrofes, art. 143.1.
Organización territorial del Estado, la, art. 137.
Recursos del Fondo de Compensación, art. 158.2.

Proyecto

Estatuto de Autonomía, de, artículo 151.2.2.º
  Aprobación en referéndums provinciales, art. 151.2.4.º
  Aprobado por una o varias provincias, en caso de no ser, art. 151.3.
  Elaboración, arts. 146 y 151.2.1.º y disposición transitoria 2.ª
  Orden de preferencia en el estudio por la Comisión de Constitución del Congreso, disposición transitoria 6.ª
  Referéndums provinciales, artículo 151.2.3.º, 4.º y 5.º
  Territorios que en el pasado los hayan plebiscitado afirmativamente, disposición transitoria 2.ª
  Tramitación como ley, artículo 146.
  Tramitación como ley ante las Cortes, supuestos en que procede, art. 151.2.5.º
  Tramitación especial para someterse a ratificación de las Cámaras, art. 151.2.1.º a 4.º, inclusive.
Ley, de, arts. 75.2 y 88.
Ley: aprobación por el Congreso, de, art. 90.1.
  Aprobación por los Plenos de las Cámaras, art. 75.2.
Ley: aprobación por el Senado, de, art. 90.2 y 3.
  Asambleas de las Comunidades Autónomas, art. 87.2.
  Congreso se pronuncia sobre, el, art. 88.
  Debate y votación en el Pleno de las Cámaras a pesar de haber sido objeto de delegación a la Comisión Legislativa Permanente, art. 75.2.
  Decretos-leyes por el procedimiento de urgencia, tramitación de, art. 86.3.
Ley: exposición de motivos y antecedentes necesarios, de, art. 88.
  Proposiciones de ley, tienen prioridad sobre las, art. 89.1.
  Sanción, art. 90.2.
  Urgentes por Gobierno o Congreso, declarados, artículo 90.3.
Ley ordinaria, de, art. 90.1.
Ley orgánica: aprobación, modificación o derogación, de, art. 81.2.
  Senado, posteriormente a la aprobación del Congreso se somete a la deliberación del, art. 90.1.

Proyectos
Ley que impliquen aumento del gasto público o disminución de los ingresos correspondientes al mismo ejercicio presupuestario, de, art. 134.5.
Planificación, de, art. 131.2.
Reforma constitucional, de, artículo 167.1 y 2.

Prueba
Medios de, art. 24.2.

Publicación
Leyes, de las, art. 91.
Sentencias del Tribunal Constitucional, de las, art. 164.1.
Texto oficial de la Constitución, del, disposición final.
Lenguas de España, en las demás, disposición final.
Tratados internacionales en España, de los, art. 96.1.

Publicaciones, art. 20.5.
(Véase *Publicación.*)

Publicidad
Actuaciones judiciales, de las, art. 120.1.
Asociaciones, de, art. 22.3.
Normas, de las, art. 9.3.
Sesiones plenarias de las Cámaras, de las, art. 80.

Pueblo
(Véanse *Defensor del Pueblo, Pueblos.*)
Español, preámbulo, arts. 1.2 y 66.1.
Justicia, emanación de la, artículo 117.1.

Pueblos
(Véase *Pueblo español.*)
Patrimonio histórico, cultural y artístico de los pueblos de España, art. 46.
Protegidos por la Constitución, preámbulo.
Tierra, de la, preámbulo.

Puertos
Actividades comerciales, que no desarrollen, art. 148.1.6.ª
Deportivos, art. 148.1.6.ª
Interés general, de, art. 149.1.20.ª
Refugio, de, art. 148.1.6.ª

R

Radio, art. 149.1.27.ª
(Véase *Radiocomunicación.*)

Radiocomunicación, art. 149.1.21.ª
(Véase *Radio.*)

Rango de ley
Declaración de inconstitucionalidad, art. 161.1.*a).*
Delegación legislativa, art. 82.1.
Norma con, art. 163.

Ratificación
Constitución por el pueblo español, de la, preámbulo.
Proyecto de Estatuto, del, artículo 151.2.4.º
Proyectos de ley vetados por el Senado, de, art. 90.2.
Reforma constitucional, de la, art. 167.3.
Revisión total de la Constitución o parcial del artículo 168.1, una vez que ha sido aprobada por las Cortes Generales, mediante referéndum de la, art. 168.3.
Revisión total o parcial de la Constitución, la, art. 168.2.

Raza, art. 14.

Readaptación profesional, artículo 40.2.

Real Decreto de 25 de octubre de 1939
En lo que pudiera afectar a las provincias de Álava, Guipúzcoa y Vizcaya queda derogado, disposición derogatoria.2.ª

Reales Academias, art. 62.*j)*.

Recargos sobre impuestos estatales, art. 157.1.*a)*.

Recaudación de recursos tributarios, art. 156.2.

Recepción Derecho Internacional, arts. 10.2 y 96.1.
(Véase *Tratados internacionales.*)

Reciprocidad, art. 13.2.
Extradición, art. 13.3.

Recurso
(Véase *Recursos.*)
Amparo, de, arts. 53.2 y 161.1.*b)*.
Legitimación, art. 162.1.*b)*.
Contencioso-administrativo.
(Véase *Jurisdicción contencioso-administrativa.*)
Inconstitucionalidad, de, artículo 161.1.*a)*.

Recursos
(Véase *Recurso.*)
Comunidades Autónomas, de las, art. 157.1.
Esenciales, art. 123.2.
Fondo de Compensación, del, art. 158.2.
Hidráulicos, art. 149.1.22.ª
Insuficiencia de, art. 119.
Naturales, dominio público, artículo 132.2.
Sanciones por violación, artículo 45.3.
Utilización racional, art. 45.2.
Públicos, art. 31.2.
Tributarios, art. 156.2.

Reeducación social, art. 25.2.

Referéndum (régimen)
Competencia exclusiva del Estado, art. 149.1.32.ª
Convocatoria, arts. 62.*c)* y 92.2.
Modalidades, art. 92.3.
Autonómico, art. 151.1.
Modificación de Estatuto, artículo 152.2.
Proyecto de Estatuto aprobados por las Cortes, del, artículo 151.2.5.º
Proyecto de Estatuto en caso de acuerdo entre Comisión constitucional del Congreso y asamblea de parlamentarios, del, art. 151.2.3.º
Consultivo, art. 92.1.
Navarra al Consejo General Vasco o régimen que lo sustituya, para la incorporación de, disposición transitoria 4.ª1.
Texto constitucional, aprobado por las Cortes Generales por el procedimiento del artículo 168.1 y 2, para la ratificación de la reforma del, art. 168.3.
Constitucional, art. 167.3.

Reforma
Constitucional, art. 167.1, 2 y 3, Título X.
Comisiones Legislativas Permanentes, art. 75.3.
Iniciativa, art. 166.
Referéndum de la revisión constitucional, art. 168.3.
(Véase *Revisión constitucional*), art. 168.

Supuestos en que no puede iniciarse, art. 169.
Estatutos, de los, arts. 147.3 y 148.2.
Reglamentos de las Cámaras, de, art. 72.1.

Refrendo
Actos del Rey, art. 56.3.
Órganos y responsabilidad, artículo 64.1 y 2.
Presidente del Congreso, del, art. 99.5.

Refundición de textos, art. 82.2 y 5.

Regadíos, art. 148.1.10.ª

Regencia, art. 59.
(Véase *Regente.*)

Regente
(Véase *Regencia.*)
Juramento, art. 61.2.
Nombramiento, art. 59.3.
Tutela del Rey y Regencia, artículo 60.2.
Tutor del Rey menor, art. 60.1.

Régimen
Aduanero, art. 149.1.10.ª
Arancelario, art. 149.1.10.ª
Armas y explosivos, de, artículo 149.1.26.ª
Autonómico vasco, disposición transitoria 4.ª1.
Comunicaciones, de, art. 149.1.21.ª
Comunidades Autónomas, de las, art. 86.1.
De los Colegios profesionales, art. 36.
Disciplinario del Consejo General del Poder Judicial, artículo 122.2.
Económico y fiscal del archipiélago canario, disposición adicional 3.ª
Energético, art. 149.1.25.ª
Electoral general, art. 81.1.
Estatutario de los funcionarios, art. 149.1.18.ª
Foral, disposición adicional 1.ª
Incompatibilidades de los miembros del Consejo General del Poder Judicial, de, art. 122.2.
Incompatibilidades de los miembros del poder judicial, de, art. 127.2.
Jurídico de las Administraciones Públicas, art. 149.1.18.ª
Local, art. 148.1.2.ª
Los bienes de dominio público y de los comunales, art. 132.1.
(Véanse *Municipio, Provincia.*)
Minero, art. 149.1.25.ª
Patrimonio cultural y artístico de los pueblos de España, del, art. 46.
Prensa, de, art. 149.1.27.ª
Productos comerciales, de, artículo 51.3.
Provisional de autonomía, disposiciones transitorias 1.ª, 2.ª y 7.ª
Público de Seguridad Social, artículos 41 y 149.1.17.ª
Radio, de, art. 149.1.27.ª
Televisión, de, art. 149.1.27.ª

Regiones
Derecho a la autonomía, artículo 2.

Registro
(Véase *Registros administrativos.*)
Asociaciones, de, art. 22.3.
Domiciliario, art. 18.2.

Registros
Administrativos, art. 105.*b)*.
Ordenación de los, art. 149.1.8.ª

Reglamento
Cámaras, de las, art. 72.1.
Congreso, del, art. 86.2.

Control tribunales, art. 106.1.
Cortes Generales, de las, artículo 72.2.
Elaboración disposiciones normativas, art. 105.*a)*.
Gobierno, del.
(Véase *Potestad reglamentaria.*)
Normas reglamentarias de las Comunidades Autónomas, artículo 153.*c)*.
Otras menciones, arts. 79.2, 80, 87.1, 89.1 y 111.1.

Rehabilitación
Disminuidos físicos, sensoriales y psíquicos, art. 49.

Reina consorte, arts. 58 y 59.

Reinserción social, art. 25.2.

Relaciones
Cooperación, de Iglesia católica y las demás confesiones, art. 16.3.
Gobierno y las Cortes Generales, entre el, título V.
Internacionales, arts. 56.1 y 149.1.3.ª
Pueblos de la Tierra, entre todos los, preámbulo.

Religión
Formación religiosa, art. 27.3.
Libertad religiosa, art. 16.1.
Nadie podrá ser obligado a declarar sobre su, art. 16.2.
Prohibición de discriminación, art. 14.

Rendición de cuentas
Del Estado y del sector público estatal, art. 136.2.

Renta
Crecimiento, art. 131.1.
Personal, art. 40.1.
Regional, art. 40.1.

Renuncias a la Corona, artículo 57.5.

Representación
Comunidad, de la: la suprema corresponde al Presidente del Consejo de Gobierno, artículo 152.1.
Diputados, de, art. 68.2.
Estado, del, art. 56.1.
Estado en la Comunidad Autónoma, ordinaria del, art. 152.1.
Orden de sucesión al trono, artículo 57.1.
Parlamentaria, art. 99.1.
Política, art. 60.2.
Proporcional, criterio de elección, arts. 68.3, 69.5 y 152.1.
Territorial, art. 69.1.

Representantes, art. 23.1.
Diplomáticos españoles, art. 63.1.
Diplomáticos extranjeros, artículo 63.1.
Empresarios, de los, art. 37.1.
Grupos políticos, de los, artículo 99.1.
Trabajadores, de los, art. 37.1.

Reserva de ley, art. 53.1.
(Véanse *Bases, Ley, Leyes, Legislación, Normas.*)

Residencia, art. 19.

Resolución judicial
Asociaciones, art. 22.4.
Comisiones de investigación, art. 76.1.
Comunicaciones, art. 18.3.
Domicilio, art. 18.2.
Secuestro de publicaciones y grabaciones, art. 20.5.

Resoluciones
Jueces y Tribunales, de, artículo 118.

Responsabilidad
Administraciones públicas, de las, arts. 106 y 149.1.18.ª
Gobierno y sus agentes, del, art. 116.6.
Criminal de los miembros del Gobierno, art. 102.1.
Criminal del Presidente del Gobierno, art. 102.1.
Los miembros del Gobierno, art. 98.2.
Política, art. 113.1.
Solidaria, art. 108.
Jueces y magistrados, de, artículos 117.1 y 121.
Penal, art. 55.2.
Poderes públicos, de los, artículo 9.3.
Política del Presidente y los miembros del Consejo de Gobierno, art. 152.1.
Rey, del, arts. 56.3 y 64.2.

Reunión
(Véase *Reuniones.*)
Congreso de los Diputados, del, art. 116.2.
Pacífica y sin armas, art. 21.1.
Parlamentarios no reglamentaria, de, art. 67.3.

Reuniones
(Véase *Reunión.*)
Cámaras, anual, de las, art. 73.1.
Diputaciones Permanentes, art. 78.2.
Reglamentarias, art. 79.1.
Sesión conjunta, art. 74.1.
Tránsito público, en lugares de, art. 21.2.

Retroactividad, art. 83.*b).*

Revisión
Constitucional, art. 95.1.
Parcial de la Constitución, artículos 167 y 168.
Total de la Constitución, artículo 168.

Rey
Competencias: embajadores y otros representantes diplomáticos, art. 63.1.
Convoca: a referéndum.
Cortes Generales, las, art. 62.*b).*
Elecciones, art. 62.*b).*
Nuevas elecciones, art. 99.5.
Corresponde el Alto Patronazgo de las Reales Academias, el, art. 62.*j).*
Fuerzas Armadas, el mando supremo, de las, art. 62.*h).*
Declara la guerra, art. 63.3.
Distribuye libremente la cantidad que recibe de los Presupuestos, art. 65.1.
Disuelve: ambas Cámaras, artículo 99.5.
Congreso, el Senado o las Cortes Generales, el, artículo 115.1.
Cortes Generales, las, art. 62.*b).*
Ejerce el derecho de gracia, art. 62.*i).*
Empleos civiles, art. 62.*f).*
Empleos militares, art. 62.*f).*
Expide los decretos acordados en el Consejo de Ministros, art. 62.*f).*
Gobierno le presenta su dimisión, el, art. 114.1 y 2.
Hace la paz, art. 63.3.
Honores y distinciones, art. 62.7.
Informa de los asuntos de Estado, se le, art. 62.*g).*
Inhabilitación del, art. 59.2.
Inviolable, su persona es, artículo 56.2.
Jefe del Estado, art. 56.1.
Juramento, art. 61.1.
Justicia se administra en su nombre, la, art. 117.1.
Manifiesta el consentimiento del Estado para obligarse interna-

cionalmente por medio de tratados, art. 63.2.
Minoría de edad del, art. 59.1.
Nombra, arts. 60.1, 65.2, 99.3, 100, 114.2, 122.3, 123.3, 124.4, 152.1, 159.1 y 160.
Nombra libremente a los miembros de su Casa, art. 65.2.
Miembros del Gobierno, a los, art. 62.*e)*.
Presidente del Gobierno, el, arts. 62.*d)*, 99.3 y 114.1 y 2.
Ordena la inmediata publicación de las leyes promulgadas, art. 91.
Pone fin a las funciones del jefe del Gobierno, art. 62.*d)*.
Preside el Consejo de Ministros, art. 62.*g)*.
Proclamación del, art. 61.1.
Prohibición de matrimonio de sucesores al trono, art. 57.4.
Promulga: las leyes, art. 62.*a)*.
Como ley los Estatutos de Autonomía, art. 151.2.4.ª
Propone el candidato a Presidente del Gobierno, arts. 62.*d)* y 99.1.
Recibe de los Presupuestos del Estado una cantidad global para el sostenimiento de su familia y Casa, art. 65.1.
Refrendar sus actos, personas que deben, art. 64.1.
Refrenden, actos del, personas que los, art. 64.2.
Regencia, art. 59.5.
Remuneración del, art. 65.1.
Responsabilidad, su persona no está sujeta a, art. 56.3.
Sanciona: como ley los Estatutos de Autonomía, art. 151.2.4.º
Leyes, las, art. 62.*a)*.
Excepción, art. 90.2.
Separa a los miembros del Gobierno, art. 62.*e)*.
Título es Rey de España, su art. 56.2.
Títulos que corresponden a la Corona, utilización de, artículo 56.2.
Tutor del, art. 60.1.

Riesgo grave
Deberes ciudadanos en caso de, art. 30.4.

Riqueza
Crecimiento, art. 131.1.
Modalidades lingüísticas, de, art. 3.3.
País, interés general, del, artículo 128.1.

S

Salario
(Véase *Derecho a remuneración suficiente.*)

Salud, art. 43.
Consumidores y usuarios, artículo 51.1.
Tercera edad, art. 50.

Sanción
(Véase *Sanciones.*)
Estatuto de Autonomía, del, artículo 151.2.4.º
Leyes, de las, arts. 62.*a)* y 91.
Proyectos de ley votados por el Senado, de los, art. 90.2.

Sanciones
(Véase *Sanción.*)
Administrativas, arts. 25.1 y 3 y 45.3.
Comparecer a requerimiento de las Cámaras, por no, art. 76.2.
Penales, arts. 25.1, 45.3 y 46.

Sanidad
Bases y coordinación general de la, art. 149.1.16.ª

Educación sanitaria, art. 43.3.
Exterior, art. 149.1.16.ª
Higiene, e, art. 148.1.21.ª

Secreto
Comunicaciones, de las, art. 18.3.
Profesional, arts. 20.1.*d)* y 24.2.

Sector
(Véase *Sectores.*)
Pesca marítima, de la, art. 149.1.19.ª
Público.
(Véanse *Gasto público, Gastos.*)
Cuentas y gestión económica del, art. 136.1 y 2.
Gastos e ingresos, art. 134.2.
Recursos o servicios especiales, art. 128.2.

Sectores económicos, art. 130.1.

Secuestro de publicaciones y grabaciones, art. 20.5.

Seguridad, Preámbulo.
Archivos y registros administrativos, art. 105.*b)*.
Ciudadana, art. 104.1.
Consumidores y usuarios, de, art. 51.1.
Delito de los miembros del Gobierno, art. 102.2.
Derecho a la, art. 17.1.
Jurídica, art. 9.3.
Legislación básica y régimen económico de la, art. 149.1.17.ª
Participación de los interesados, art. 129.1.
Régimen público de la, artículo 41.
Medidas de, art. 25.2.
Pública, art.149.1.29.ª
Social, arts. 25.2 y 41
Trabajo, e higiene en el, art. 40.2.

Seguros, art. 149.1.11.ª

Senado
(Véase *Senadores.*)
Cámara de representación territorial, art. 69.1.
Comisiones de investigación del, art. 76.1.
Convenios y acuerdos entre Comunidades Autónomas, artículo 74.2.
Congreso, en desacuerdo con el, art. 74.2.
Consejo General del Poder Judicial, art. 122.3.
Cortes Generales, art. 66.1.
Diputación Permanente, art. 78.
Disolución, art. 115.1.
Elecciones al, art. 69.
Elegido por cuatro años, artículo 69.6.
Enmiendas a los proyectos de ley del Congreso, art. 90.2 y 3.
Fondo de Compensación, artículo 74.2.
Funcionamiento, art. 75.1.
Iniciativa legislativa, art. 87.1.
Medidas del Gobierno en las Comunidades Autónomas, artículo 155.1.
Mesa, art. 72.2.
Plenos, art. 80.
Presidente, art. 72.2 y 3.
Proposiciones de ley, art. 89.2.
Proyecto de ley ordinaria u orgánica, art. 90.1.
Reforma constitucional, artículo 167.1 y 2.
Reglamento, art. 72.1.
Representación proporcional, art. 69.5.
Sesiones extraordinarias, artículo 73.2.
Sesiones no públicas, art. 80.
Tratados o convenios, art. 94.2.
Tribunal Constitucional, artículo 159.1.
Veto a los proyectos de ley del Congreso, art. 90.2 y 3.

Senadores
(Véase *Senado.*)
Actas y credenciales, art. 70.2.
Asignación, art. 71.4.
Causas contra los, art. 71.3.
Ceuta y Melilla, art. 69.4.
Comisión Mixta, art. 74.2.
Comisión paritaria de Diputados y Senadores, art. 167.1.
Comunidad Autónoma, art. 69.5.
Detención, art. 71.2.
Duración del mandato, artículo 69.6.
Elección, art. 69.2.
Elección de, art. 69.3.
Elegidos en las provincias afectadas, art. 146.
Incompatibilidades, art. 67.1.
Inculpación, art. 71.2.
Inelegibilidad e incompatibilidad, causas de, art, 70.1.
Inmunidad, art. 71.2.
Inviolabilidad, art. 71.1.
Mandato de los, art. 69.6.
Número de elegidos por provincia, art. 69.2.
Procesamiento, art. 71.2.
Proyecto de Estatuto de autonomía, art. 151.2.1.º
Recurso de inconstitucionalidad, art. 162.1.*a)*.
Reforma constitucional, artículo 167.1.
Voto, art. 79.3.

Sentencias
Judiciales: firmes, art. 118.
  Motivadas y se pronunciarán en audiencia pública, artículo 120.3.
  Valor de cosa juzgada, artículo 161.1.*a)*.
Tribunal Constitucional, del, art. 164.1.

Señales marítimas, art. 149.1.20.ª

Separación
Jueces y Magistrados, art. 117.2.
Matrimonio, art. 32.2.
(Véase *Disolución del matrimonio.*)
Miembros del Gobierno, de, artículos 62.*e)* y 100.

Servicio
Civil, art. 30.3.
Meteorológico, art. 149.1.20.ª
Militar obligatorio, art. 30.2.
Público, art. 128.2.

Servicios
Comunidades Autónomas, asumidos por las, art. 158.1.
Comunidades Autónomas, de las, art. 145.2.
  Libre circulación de, artículo 145.2.
  Traspaso de, art. 147.2.*d)*.
Esenciales, art. 128.2.
  Derecho a la huelga, art. 28.2.
  Límite a medida de conflicto colectivo, art. 37.2.
Necesarios, art. 43.2.
Públicos, art. 106.2.
  Fundamentales en todo el territorio español, art. 158.1.
Seguridad Social, de la, artículo 149.1.17.ª
Sociales: tercera edad, art. 50.

Sesión conjunta de las Cámaras, arts. 72.2 y 74.1.

Sesiones de las Cámaras
Convocatoria, art. 116.5.
Extraordinarias, art. 73.2.
Miembros del Gobierno, artículo 110.2.
Ordinarias, art. 73.1.
Períodos ordinarios, art. 73.1.
Plenarias, art. 80.

Sexo
Prohibición de discriminación, arts. 14 y 35.1.
Sucesión al trono, art. 57.1.

Simbolo de unidad y permanencia del Estado
Jefe del Estado, art. 56.1.

Sindicación
Funcionarios públicos, art. 103.3.
Libertad, art. 28.1.

Sindicato
Afiliación, art. 28.1.
Funciones directivas, art. 159.4.

Sindicatos
Derecho a fundarlos, art. 28.1.
Fiscales, jueces y magistrados, art. 127.1.
Proyectos de planificación, artículo 131.2.
Trabajadores, de, art. 7.

Sistema
Educativo, art. 27.8.
Electoral, art. 68.
Régimen electoral general, artículo 81.1.
Senado, art. 69.
Incompatibilidades, de, artículo 103.3.
Monetario, art. 149.1.11.ª
Representación proporcional, de, art. 152.1.
Congreso de los Diputados, art. 68.3.
Senado, art. 69.5.
Responsabilidad, de, art. 149.1.18.ª
Tributario, art. 31.1.
(Véase *Tributos.*)

Soberanía
De España, art. 8.1.
De la Nación Española, preámbulo.
Nacional, art. 1.2.

Sociedad
Anónima
(Véase *Libertad de empresa.*)
Democrática avanzada, preámbulo.
Española, art. 16.3.
Pluralista, art. 20.3.

Sociedades cooperativas, artículo 129.2.

Solidaridad
Fondo de Compensación, artículo 158.2.
Medio ambiente, art. 45.2.
Nacionalidades y regiones, artículo 2.
Principio de solidaridad, artículos 138.1 y 156.1.
Renta regional y personal, artículo 40.1.

Subdelegación, art. 82.3.

Sucesión
A la Corona, art. 57.

Sucesor de la Corona de España, art. 57.2.

Sucesores de S. M. Don Juan Carlos I de Borbón, artículo 57.1.

Sueldo de diputados y senadores
(Véase *Asignación de diputados y senadores.*)

Suelo, art. 47.

Sufragio
Activo, art. 68.5.
Derecho de sufragio activo, artículo 13.2.
Directo: Diputados, art. 68.1.
Senadores, art. 69.2.
Españoles que se encuentran fuera del territorio de España, art. 68.5.
Igual: Diputados, art. 68.1.
Senadores, de, art. 69.2.
Libre: Concejales, art. 140.

Diputados, art. 68.1.
Senadores, art. 69.2.
Pasivo, art. 68.5.
Secreto: Concejales, art. 140.
Diputados, art. 68.1.
Senadores, art. 69.2.
Universal: Asamblea Legislativa, art. 142.1.
Concejales, art. 140.
Diputados, art. 68.1.
Representantes, art. 23.1.
Senadores, art. 69.2.

Sujeción a la Constitución de los ciudadanos y los poderes públicos, art. 9.1.

Suplemento de crédito
(Véase *Gasto público.*)

Suspensión de derechos y libertades, art. 55.

T

Tasas
(Véanse *Beneficio fiscal, Sistema Tributario, Tributos.*)
Propias de las Comunidades Autónomas, art. 157.1.*b).*

Telecomunicaciones, art. 149.1.21.ª

Telefónicas, art. 18.3.

Telegráficas, art. 18.3.

Televisión, art. 149.1.27.ª

Tenerife, art. 69.3.

Tercera edad, art. 50.

Términos municipales, art. 148.1.2.ª

Territorios
Forales, disposición adicional 1.ª
Pasado hubiesen plebiscitado afirmativamente proyectos de Estatuto, que en el, art. 148.2 y disposición transitoria 2.ª

Terrorismo, art. 13.3.

Terroristas, art. 55.2.

Testamento del Rey, art. 60.1.

Textos
Articulados, art. 82.2.
Legales, art. 82.5.
Refundidos, art. 82.3, 5 y 6.

Tiempos de guerra
Pena de muerte en, art. 15.
Reforma constitucional, artículo 169.

Titularidad
Estatal: los archivos, bibliotecas y museos de, art. 149.1.28.ª
Materia de, art. 150.2.
Patrimonio histórico, cultural y artístico de los pueblos de España, art. 46.
Riqueza del país, de la, artículo 128.1.

Título
Preliminar de la Constitución, art. 168.1.

Títulos
Académicos, art. 149.1.30.ª
Profesionales, art. 149.1.30.ª
Rey de España, del, arts. 56.2 y 57.2.

Tortura, art. 15.

Trabajadores
Acceso a la propiedad de los medios de producción, artículo 129.2.
Derecho a la huelga, art. 28.2.
Derecho a la negociación colectiva laboral, art. 37.2.
Españoles en el extranjero, artículo 42.
Estatuto de los, art. 35.2.
Remuneración, art. 35.
Representantes de los, art. 37.1.
Sindicatos de, art. 7.
Vacaciones, art. 40.2.

Trabajo
Deber de trabajar y derecho al trabajo, art. 35.1.
Del condenado a pena de prisión, art. 25.2.
Poderes públicos, art. 40.2.
Promoción a través del, artículo 35.1.
Seguridad e higiene en el, artículo 40.2.

Trabajos forzados, art. 25.2.

Tradiciones, Preámbulo.

Tráfico, art. 149.1.21.ª

Traición, art. 102.2.

Transferencia
De funciones de la Administración del Estado, art. 148.1.2.ª
Facultades, o delegación de, artículo 150.2.
Medios financieros, de, artículo 150.2.

Transferencias de un fondo de compensación interterritorial, art. 157.1.*c)*.

Tránsito
Aéreo, art. 149.1.20.ª
Público, art. 21.2.

Transporte
(Véase *Transportes terrestres.*)
Aéreo, art. 149.1.20.ª
Cable, por, art. 148.1.5.ª
Energía, de, art. 149.1.22.ª
Ferrocarriles o carreteras, artículo 148.1.5.ª

Transportes terrestres, art. 149.1.21.ª
(Véase *Transporte.*)

Tratados Internacionales
(Véase *Capítulo III, Título III.*)
Art. 49.1, de su conclusión se informa inmediatamente al Congreso y Senado, no incluidos en el, art. 94.2.
Autorización de las Cortes, artículo 94.1.
Carácter militar, de, art. 94.1.*b)*.
Carácter político, de, art. 94.1.*a)*.
Consentimiento, art. 63.2.
Denuncia, art. 96.2.
Derechos fundamentales y libertades políticas, arts. 10.2 y 94.1.
Derogación, modificación o suspensión, art. 96.1.
Doble nacionalidad, de, artículo 11.3.
Ejercicio de competencia derivadas de la Constitución, artículo 93.
Estipulaciones contrarias a la Constitución, art. 95.
Extradición, art. 13.3.
Extranjeros, art. 13.1.
Integridad territorial, art. 94.1.
Modificación o derogación de alguna ley o exijan medidas legislativas para su ejecución, art. 94.1.*e)*.
Obligaciones financieras para la Hacienda Pública, art. 94.1.*d)*.

Resoluciones emanadas de los organismos internacionales o supranacionales, y, art. 93.
Válidamente celebrados, artículo 96.1.

Trato inhumano o degradante, art. 15.

Tribunal

Constitucional:
Circunstancia prevista en el artículo 95.1, art. 95.2.
Competencia, art. 161.1.
Composición, art. 159.1.
Disposiciones normativas con fuerza de ley de las Comunidades Autónomas, artículo 153.*a)*.
Disposiciones y resoluciones de los órganos de las Comunidades Autónomas, artículo 161.2.
Funcionamiento, estatuto de sus miembros, procedimiento ante el mismo y condiciones para el ejercicio de las acciones, art. 165.
Jurisdicción, art. 161.1.
Legitimación, arts. 162 y 163.
Ley orgánica del, art. 165.
Miembros, arts. 70.1.*a),* 159.2, 3, 4 y 5 y disposición transitoria 9.ª
Presidente, art. 160.
Procedimiento, art. 165.
Recurso de amparo, art. 53.2.
Recurso de inconstitucionalidad, art. 163.
Sentencias, art. 164.1.
Cuentas, de, art. 136.
Comunidades Autónomas, artículo 153.*d)*.
Superior de Justicia de la Comunidad Autónoma, art. 152.1.
Supremo, art. 123.1.
Judicial, art. 122.3.
Presidente, arts. 122.3 y 123.2.
Sala de lo Penal, la, artículos 71.3 y 102.1.

Tribunales

(Véase *Tribunal.*)
Actuación administrativa, artículo 106.1.
Comisiones de investigación, art. 76.1.
Competencias, art. 117.4.
Constitución, funcionamiento y gobierno, art. 122.1.
Consuetudinarios y tradicionales, art. 125.
Excepción, de, art. 117.6.
Honor, de, art. 26.
Independencia, art. 124.1.
Leyes de delegación, art. 82.6.
Normas legislativas de las Comunidades Autónomas, art. 150.1.
Ordinarios, art. 53.2.
Policía judicial, art. 126.
Principio de unidad jurisdiccional, art. 117.5.
Sentencias y resoluciones, artículo 118.
Tutela efectiva, art. 24.1.

Tributos

Beneficio fiscal, art. 133.3.
Beneficios fiscales, art. 134.2.
Comunidades Autónomas, artículo 156.2.
Comunidades Autónomas y Corporaciones Locales, artículo 133.2.
Corporaciones Locales, las, artículo 142.
Iniciativa popular, art. 87.3.
Ley de Presupuestos, art. 134.7.
Potestad originaria para establecerlos, art. 133.1.
Principio de legalidad, art. 31.3.

Trono, art. 57.1 y 4.

Turismo, art. 148.1.18.ª

Tutela
Derechos y libertades, de, artículo 53.1 y 2.
Jurídica de las personas, artículo 24.
Jurisdiccional, art. 24.1.
Real, art. 60.2.

Tutor del Rey menor, art. 60.1 y 2.

U

Unidad
Estado, del, art. 56.1.
Jurisdiccional, art. 117.5.
Ministerio Fiscal, de actuación del, art. 124.2.
Nación española, de la, art. 2.
Poder judicial, del, art. 152.1 y disposición adicional 4.ª

Universidades
Autonomía de las, art. 27.10.

Urbanismo
Comunidades Autónomas, artículo 148.1.3.ª
Derechos, art. 33.2.
Plusvalías, art. 47.

Urgencia
Decretos-leyes, art. 86.3.
Proyectos de ley, art. 90.3.

Usuarios, art. 51.1 y 2.

Utilidad pública, art. 33.3.

V

Vacaciones, art. 40.2.

Validez
Actas y credenciales, art. 70.2.
Actos del Rey, art. 56.3.
Acuerdos adoptados por las Cámaras, art. 79.2.
Tratados internacionales, artículo 96.1.

Valores superiores del Ordenamiento jurídico, art. 1.1.

Vecinos, art. 140.

Vehículos a motor, art. 149.1.21.ª

Vejez
(Véase *Tercera edad.*)

Veto del Senado
Casos, art. 90.2.
Consecuencias, art. 90.2 y 3.
Plazo, art. 90.3.
Supuestos, art. 90.2.

Vías
Acceso a la autonomía, de.
(Véase *Proceso autonómico.*)
Pecuarias, art. 149.1.23.ª

Vicepresidentes del Gobierno, arts. 98.1 y 100.

Vida
Calidad de, art. 129.1.
Derecho a la, art. 15.
Nivel de, art. 130.1.

Vigencia
Constitución, de la, disposición transitoria 3.ª
Estados de alarma, excepción y sitio, de los, art. 116.5.
Ley, de la, art. 164.2.

Villa de Madrid, art. 5.

Vinculación a la Constitución
De los ciudadanos y los poderes públicos, art. 9.1.

Violación
Derechos y libertades, de, artículos 55.2 y 161.1.4.
Normativa sobre medio ambiente y calidad de vida, de, artículo 45.3.

Vivienda
Comunidades Autónomas, artículo 148.1.3.ª
Derecho a disfrutar de una digna y adecuada, art. 47.
Tercera edad, art. 50.

Voluntad
Nación española, de la, preámbulo.
Popular, preámbulo, art. 6.

Voto
Confianza, de, arts. 112 y 114.1.
Edad, art. 12 y disposición transitoria 8.ª3.
Constructivo de confianza. (Véase *Moción de censura.*)
Investidura, de, art. 99.3.
Senadores y diputados, es personal e indelegable, de, artículo 79.3.

Votos particulares
En las sentencias del Tribunal Constitucional, art. 164.1.

Z

Zona
Económica, art. 132.2.
Marítimo-terrestre, art. 132.2. (Véase *Iluminación de costas.*)

Zonas de montaña, art. 130.2.